Atrocités Grecques

DANS LE

Vilayet de Smyrne

(MAI-JUIN 1919)

DOCUMENTS INÉDITS ET NOUVEAUX TÉMOIGNAGES

(Deuxième Série)

(La première série a été publiée par la Ligue de la défense des Droits des Ottomans)

PUBLIÉS PAR LE BUREAU PERMANENT
DU CONGRÈS TURC DE LAUSANNE

LAUSANNE
Dr A. BOVARD-GIDDEY, IMPRIMEUR
Maupas, 7
—
1919

ATROCITÉS GRECQUES

DANS LE

Vilayet de Smyrne

(MAI-JUIN 1919)

DOCUMENTS INÉDITS ET NOUVEAUX TÉMOIGNAGES

(Deuxième Série)

*(La première série a été publiée par la Ligue de la défense
des Droits des Ottomans)*

**PUBLIÉS PAR LE BUREAU PERMANENT
DU CONGRÈS TURC DE LAUSANNE**

LAUSANNE
Dr A. BOVARD-GIDDEY, IMPRIMEUR
Maupas, 7
—
1919

à

Abrey Herbert

Le Bureau reconnaissant

Le Bureau permanent du congrès turc de Lausanne est en mesure de publier aujourd'hui la seconde série des documents, dont la première série a été publiée par la Ligue ottomane, attestant d'une façon indiscutable l'étendue et l'ampleur des atrocités grecques dans la province éminemment turque de Smyrne.

Il ne peut particulièrement insister sur la lecture de telle ou telle pièce, toutes sans exception présentant un intérêt documentaire et historique de la plus haute importance sur une calamité sans pareille qu'une erreur d'appréciation politique a déchaînée sur une partie de notre malheureux pays.

Les autorités helléniques avec la profonde expérience qui les caractérise dans l'oppression et l'extermination des peuples allogènes tombés sous leurs griffes ont, immédiatement après l'occupation, remis en vigueur leur ignoble système séculaire qui a fait ses preuves avec succès en Morée, en Thessalie, en Épire, en Crète et récemment encore en Macédoine. Il consiste à déverser tout d'abord une nuée de bandits professionnels, des criminels, dont la Grèce possède le monopole plus que tout autre pays, sur chaque coin du sol où un soldat hellène a mis le pied. Les apaches grecques indigènes sont toujours prêts à leur prêter main forte et une période aiguë de tyrannie atroce commence aussitôt. Tandis que la fameuse agence d'Athènes, par une profusion de mensonges et de calomnies, de récits inventés d'atrocités turques détourne l'attention et jette un voile épais sur les forfaits de ses *andartes* et de ses *palikares*, ceux-ci, de plus en plus excités par leurs journaux, assurés de l'impunité, ne reculent plus devant aucune infamie. Les pillages, les incendies, les viols, les massacres perpétrés sur de paisibles habitants turcs reviennent à l'ordre du jour. La malheureuse population persécutée, terrifiée, ne se sent plus le courage de supporter un régime pareil, quitte en masse leurs foyers, leurs villages, leurs récoltes, abandonnant leur fortune, leurs biens, tout, pour sauver seulement leur vie et leur honneur. Tous ces pauvres gens ruinés, frappés souvent dans leurs plus chères affections, viennent échouer misérablement, dans les parties non occupées de la Mère-Patrie. On rencontre partout en Turquie de ces pauvres Mouhadjirs (émigrés) crétols, moréens, macédoniens, épirotes, thessaliens, ou autres, déracinés, en quête d'aide ou de protection, et dont le sort tragique, le récit des malheurs font frémir d'indignation les cœurs les plus blasés.

Les persécutions, les atrocités ne prennent fin que pour faire place aux exactions systématiques mais raffinées des autorités administratives. Tout ce qui n'est pas grec est de fait hors la loi. On ne laisse passer aucune occasion de faire sentir le talon éperonné de la botte. Jusqu'aux tribunaux qui donnent toujours tort à ceux qui ne sont pas grecs ! D'ailleurs l'armature administrative et judiciaire hellénique est la plus mauvaise de tout l'Orient et à part le manque d'un personnel bien stylé, la corruption est générale dans toutes les branches. Avec cela ce petit peuple imbu de grandes ambitions irréalisables est d'un fanatisme farouche, d'une cruauté incroyable, d'une astuce et d'une perfidie inégalables quand on a le malheur de tomber sous sa domination.

Tel est le système du gouvernement appliqué aux allogènes du XX⁰ siècle, dans le Royaume Hellénique «*civilisé*»: tel est le peuple qui aspire à dominer en Orient des millions de populations d'une autre race, d'une autre religion que la sienne. Donner un pays à la Grèce comme l'Europe en a souvent donné, c'est vouer ses habitants aux supplices, c'est le dépeupler, le condamner à la ruine morale et matérielle.

Ainsi a-t-on agi en Morée qui avait trois cent mille habitants Musulmans en 1830, en Thessalie qui comptait cent cinquante mille en 1878, en Crète qui possédait 100.000 habitants Turcs en 1897. Il n'existe plus une seule âme turque en Thessalie et en Morée aujourd'hui. En Crète 20.000 Turcs à peine ont pu survivre au douloureux calvaire de vingt ans d'oppression hellénique. Sous peu il n'en restera plus rien aussi. La Macédoine, sous la botte grecque, a perdu en quelques années les deux tiers de ses meilleurs enfants. Quant à l'Épire... s'il y avait moyen de faire parler même chaque objet inanimé de ce pauvre pays étouffé dans son sang, on aurait honte d'appartenir au genre humain quand les auteurs de ces crimes abominables se considèrent en être aussi ! 1)

Parbleu ! Comme dans le vilayet de Smyrne !

L'occupation grecque, avec toutes ses conséquences d'horreurs et de crimes s'est abattue aussi sur le vilayet de Smyrne. Dans ce grand port de la Mer Egée, sous les yeux même des étrangers indignés, aucune infamie n'a été épargnée à la population turque. Les rapports que nous publions aujourd'hui éclairent suffisamment les turpitudes de cette bande d'aventuriers. Mais deux parties de cette province où les crimes deviennent d'une ampleur vraiment révoltante sont Ménemem et Aïdin.

La totalité presque des Turcs de Ménemem furent massacrés sans aucune provocation, sans aucun motif qui puisse justifier même l'existence de troubles.

Quant à la tragédie d'Aïdin, elle dépasse en horreur tout ce qu'on s'imagine. La première série des documents publiés par a Ligue Ottomane y était presque exclusivement consacrée. La troisième série contiendra des détails plus précis encore. Néron, en incendiant Rome, n'avait pas condamné la population à brûler vive dans leurs demeures. C'est ce que les Grecs ont fait cependant à Aïdin. De Smyrne jusqu'à Nazilli, toutes les villes, bourgades, villages ne sont qu'un amas de ruines et de décombres. La plupart cachent à peine dans leurs débris encore fumants les cadavres calcinés, les restes sanglants des milliers, des dizaines de milliers de pauvres Turcs innocents, des femmes, des enfants, des vieillards sacrifiés à la férocité des hordes helléniques. Des centaines de mille rescapés plus malheureux encore, errent comme des bêtes traquées, sans abri, sans gite, sans nourriture, preuves

---

1) Nous pouvons citer parmi ces monstres à face humaine le Colonel Vardas, le lieutenant Stratos, qui le plus cruel de tous a à lui seul massacré à coup de hache 150 femmes et enfants innocents de Canasiti, les Karavitis, Capadakis et autres bandits crétois, dignes émules de M. Vénizelos, Démétre Djongas, etc.

« Sur la grande place de la ville de Delvino, écrit M. Robert Vaucher, nous voyons les premières ruines faites par les bandes grecques de Zographos, qui démolirent avec une fureur teutonne les maisons musulmanes. La destruction fût systématique. Pour que l'Albanie méridionale fût grecque, il fallait anéantir l'élément musulman : Voilà la cause des massacres commis en Haute Epire et du saccage de plus de 400 villages dont nous allons retrouver les ruines entre Delvino et Tepeleni et tout le Kurveleshi. »

(*Illustration*, 20 janvier 1917.)

vivantes de l'ignominie grecque. De toute cette région dévastée, l'une des plus prospères jadis, s'élève aujourd'hui un cri de détresse effroyable.

Et l'agence d'Athènes, fidèle à son principe de mensonge et de perfidie, n'a pas honte de dire que son gouvernement a alloué des crédits pour la construction des gîtes à la population d'Aïdin si éprouvée par... les Turcs ! Non, mais voyez-vous, les instigateurs de l'assassinat d'un demi-million de Turcs en Macédoine et dans les îles, se poser en protecteurs paternels de ceux qu'ils ont fait eux-mêmes massacrer ! Non vraiment le cynisme de l'impudence à tel point a quelque chose de répugnant. Ce n'est plus du machiavélisme et le langage humain — sinon grec — n'a pas de terme pour le qualifier.

Mais le sang ne pardonne jamais et la Justice immanente fera son œuvre. Comme nous l'avons déjà dit quel que puisse être le régime dans lequel nous vivrons, l'hellénisme offrira toujours prise à la poigne de nos morts.

En dénonçant de nouveau les méfaits grecs à la conscience du monde civilisé, nous nous adressons encore une fois à l'opinion impartiale de l'Europe et de l'Amérique pour que justice — rien que justice — soit rendue aux droits d'une écrasante majorité turque et que la province turque de Smyrne soit à jamais lavée de la souillure d'une multitude d'aventuriers criminels.

Traduction de la lettre n° 1-24516 en date du 26 juin 1919 adressée par le Colonel Kémal, Commandant général de la Gendarmerie, au Colonel français Foulon, Inspecteur général.

Depuis la signature de l'armistice, les divers événements qui se passent dans les différentes parties de l'Empire ainsi que les crimes qui s'y commettent vous sont régulièrement communiqués par le rapport que le commandant général reçoit journellement des commandants des unités de gendarmerie.

Vous avez dû certainement remarquer que ce sont les Turcs qui souffrent le plus de ces événements et de ces crimes. Les rapports que vous recevez vous-même des officiers étrangers attachés à la réorganisation de la gendarmerie ne font que corroborer les événements qui me sont signalés par les Commandants des unités précitées, dont les rapports vous sont soumis en leur original.

Les bandes grecques qui se forment partout ne font qu'attenter continuellement à la vie, aux biens et à l'honneur des Turcs. La gendarmerie, à la réorganisation quantitative et qualitative de laquelle vous travaillez aussi avec une si grande ardeur, surmonte les grandes difficultés auxquelles elle se trouve exposée de ce chef. Elle fait son service avec zèle et les derniers rapports qui nous parviennent dénotent que son activité est couronnée de succès dans une certaine mesure.

Seulement quand la gendarmerie se trouve débordée par les événements dont l'ampleur est au-dessus de ses moyens, on ne peut rien faire forcément pour empêcher ces actes criminels.

Ainsi, par exemple, au cours de l'occupation de Smyrne et pendant les jours qui ont suivi cette occupation les soldats hellènes, à qui s'étaient jadis joints les Grecs indigènes, ont commis des crimes contre la population. Les officiers et les hommes de troupe de la gendarmerie ottomane n'ont pas été épargnés. Ceux de nos officiers et gendarmes qui se trouvent actuellement à Smyrne et dans ses environs continuent à être exposés aux mauvais traitements de sorte qu'ils sont empêchés de faire leur service.

Il ressort des rapports que j'ai eu l'honneur de vous transmettre au sujet de l'occupation, dans des circonstances atroces, des *Cazas* de Ménemem et de Bergama, venant après celles de Smyrne, que les massacres faits par les troupes régulières helléniques d'accord avec les Grecs, indigènes, ont eu un caractère tellement sanguinaire qu'ils constituent une tache dans l'histoire du vingtième siècle. D'après ces rapports le nombre des victimes, y compris les femmes, les enfants, les vieillards, les malades et les faibles massacrés à Ménemem par les réguliers hellènes et par les Grecs indigènes est évalué à un millier de Musulmans. Le sous-gouverneur du Caza (district) ainsi que la plupart des fonctionnaires des autorités locales ont été atrocement massacrés sans aucun motif.

L'occupation de Bergama et de certaines autres localités eut lieu de la même façon sauvage et sanguinaire.

Il résulte des rapports que je reçois de toute part que les Turcs qui forment la grande majorité de la population des *Cazas* en question ont dû quitter en masse, au nombre de quatre-vingt mille, leurs villages, leurs foyers, leurs récoltes et même leurs enfants en bas âge et émigrer dans d'autres régions pour sauver leur vie et leur honneur, et ne pas subir le sort funeste de leurs coreligionnaires.

J'ai la conviction absolue que les grandes nations de l'Europe et de l'Amérique, dont les sentiments généreux et humanitaires sont connus, ne permettront jamais que cette malheureuse et innocente population qui pourtant fait partie du genre humain, soit ainsi continuellement et sauvagement menacée, que ses biens soient pillés et détruits et qu'elle soit atteinte dans son honneur.

Il est hors de doute que les crimes, de jour en jour plus nombreux, commis par les Hellènes, qui se glorifient manifestement d'avoir occupé Smyrne par décision des Puissances Ententistes, seront sévèrement empêchés et leurs auteurs punis, si on pouvait les signaler dans tous leurs détails aux gouvernements qui représentent les grandes nations justes de l'Europe et de l'Amérique. En effet, j'ai la conviction qu'on se sert de toutes sortes de ruses pour que les méfaits commis ne puissent parvenir à leur connaissance.

J'ai donc recours à votre haute générosité. qui se manifeste chaque jour par de nouvelles preuves, et vous prie, afin de sauver ma malheureuse nation des calamités insupportables sous lesquelles elle se trouve accablée, de signaler ces crimes aux personnages puissants qui tiennent entre leurs mains les destinées du monde et de faire connaître à l'univers civilisé que les Turcs et les Musulmans sont égorgés comme des moutons et qu'ils sont anéantis dans leur existence, leurs biens et leur honneur.

Votre intervention compatissante contribuera peut-être à mettre fin aux injustices auxquelles se trouvent en butte un peuple malheureux qui, comme toute autre nation, a droit à l'existence. Bien que je me trouve à la tête d'une organisation chargée de la protection de la vie, de l'honneur et des biens de la population, je ne parviens pas malheureusement à remplir cette mission. Aussi veux-je espérer absolument que vous voudrez bien participer, dans vos sentiments hautement humanitaires, à la profonde douleur que je ressens de voir couler chaque jour le sang innocent de ma nation et réserver un accueil favorable à mes sollicitations.

Le peuple turc qui nourrit, dans son cœur ensanglanté, un espoir justifié en vous, qui attend avec impatience le résultat des démarches que vous ne manquerez sûrement pas d'entreprendre pour sa protection et la défense de sa juste cause est prêt à inscrire en lettres d'or dans sa glorieuse histoire votre nom vénéré.

Je profite de cette occasion pour vous prier, Monsieur le Colonel, de vouloir bien agréer mes sentiments de reconnaissance.

Le Commandant général de la Gendarmerie :
(signé) Le Colonel A. KÉMAL SIRRI.

La Tragédie de Smyrne.

Mémoire

présenté en date du 13 Juin 1919 par le Comité de la Défense des Droits Ottomans sur Smyrne à S. A. Tewfick Pacha, Plénipotentiaire Ottoman à la Conférence de la Paix.

Altesse,

Nous remarquons avec regret que les hautes sphères politiques agissent sous l'instigation de certains politiciens ambitieux et sans scrupule qui pour servir leurs desseins d'accaparer à leur profit nos droits légitimes n'hésitent pas à compromettre le renom Turcs par des calomnies et des mensonges. C'est de cette manière déloyale encore qu'ils sèment la méfiance parmi le monde civilisé sur notre conduite présente ou future, qui ne peut pourtant ne pas être conforme à la conception de liberté et de justice qui caractérise l'ère nouvelle. Aussi le Comité de la Défense des Droits Ottomans sur Smyrne prie-t-il Votre Altesse de vouloir bien exposer, avec toute l'importance qu'elles méritent, nos doléances ci-dessous, à l'attention et à l'esprit d'équité de ces Hautes Sphères politiques.

Aux moments où l'on porte encore le deuil des torrents de sang prodigué à profusion, on doit avouer que cette guerre générale, dont la responsabilité du déclanchement et de prolongation devrait retomber sur les dirigeants de certains Etats, qui par toutes sortes d'agissement ont pu étouffer la voix de leur peuple, avait fait naître partout l'espoir de l'établissement d'une paix durable basée sur des principes véritables d'humanité et de justice. Votre Altesse n'ignore pas que le premier coup inattendu qui a fortement ébranlé cet espoir chez nous fût l'occupation, avec une sauvagerie préméditée, de Smyrne par les troupes hellènes.

Cette occupation est effectuée dans le but de préparer un terrain propice sous le joug d'une infime minorité grecque qu'on semble décidé à renforcer par des moyens helléniques pour une politique d'extermination rapide de l'énorme majorité Musulmane habitant le Vilayet d'Aïdin. Effectuée au mépris de l'amour-propre national, du droit à l'existence et du sentiment des Turcs, elle a fait ressortir il est vrai, la profonde différence de conception qui sépare la Souveraineté Ottomane de la brutale domination hellénique, mais a plongé à juste titre toute cette population musulmane dans une inquiétude alarmante sur leur salut ultérieur.

Les vols, pillages, attentats à l'honneur, meurtres et sauvageries dont Smyrne et ses dépendances furent et sont encore le théâtre depuis cette funeste occupation, n'avaient pas été connus ne fût-ce qu'un jour sous la Souveraineté Ottomane. L'armée grecque n'a pas hésité à commettre sur les musulmans des actes d'une ignominie telle qui aurait répugné même les hordes barbares de l'antiquité prenant d'assaut une ville au prix de lourds et sanglants sacrifices.

Les Grecs indigènes qui ont vécu dans la tranquilité et l'opulence durant des siècles grâce à l'attitude bienveillante des Turcs et aux privilèges qu'ils leur ont accordés. Ces gens qui se sont enrichis et profité plus que tous les autres des sources économiques de l'Empire pendant que le peuple turc prodiguait son sang pour maintenir l'ordre et la sécurité du pays ; ces faux frères pour la prospérité et le développement desquels nous avons été tant saignés furent les premiers à donner le mauvais exemple à leurs correligionnaires hellènes...

Les uniformes, les fez, les turbans, même les tableaux et œuvres d'art représentant des sujets nationaux ont été l'objet de la rage destructrice des soldats et des civils grecs. Aujourd'hui les Musulmans des territoires occupés ne jouissent d'aucune liberté. La correspondance gouvernementale est sous un contrôle sévère, les journaux turcs sous une censure inexorable et les Turcs sont sous la menace continuelle des apaches grecs. Les faits révoltants qui se sont passés à Smyrne ayant eu comme témoins écœurés tous les étrangers et les forces navales Ententistes, nous jugeons inutile de les rapporter ici ; d'autre part les précautions prises par les Grecs pour empêcher toute communication, nous ont privé des détails sur les méfaits inhumains exercés par les Hellènes. Nous nous contenterons ici de donner un résumé succinct des événements déroulés à Bournabat, Bosyaka, Djuma-Ovassi, Heuredjé, Nife, Sivri-Hissar, Vourla et aussi une liste bien incomplète des pertes humaines et des maisons et magasins turcs pillés :

1. Au cours de l'occupation, tous les tiroirs, les armoires, les coffres-forts du Gouvernement ont été brisés et le contenu éparpillé un peu partout dans le but de chercher du papier-monnaie ; outre cela, tous ce que les employés avaient sur eux, jusqu'à leurs vêtements, leurs pardessus et autres ont été volés. Depuis le vali jusqu'au dernier commis tous furent conduits tout le long du quai d'une façon indigne, les mains en l'air, et sommés sous menace de mort de crier : « zito Vénizelos » ; à chaque pas ils recevaient force coups de crosses et de baïonnettes. Un groupe important d'instituteurs a été dirigé vers le bateau Patris avec ce même cérémonial révoltant, pour y être interné. Parmi les officiers qui se trouvaient à la caserne quatorze furent tués ; entre autres le colonel Fethi Bey, Nadir bey, Fahreddin Effendi, Ahmed Bey, etc. L'élève Ihsan Effendi n° 30, de l'Ecole des Arts et Métiers a été égorgé par des *evzones* devant la Banque Agricole. Le mahalebidji (laitier) Ahmed Aga du quartier Djedit a été mis en morceaux. Les agents du poste central de la police ont été sauvagement tués à leur poste par les soldats. Le Commissaire de police de Vourla Hussein Effendi a été également mis en morceaux devant la Banque Agricole. Le propriétaire du journal Houkoukou Bécher (les Droits de l'homme) Tahsin Redjeb bey a été tué à son domicile. Deux jeunes garçons typographes du journal Keuylu ont été assassinés. Refik Effendi agent de police militaire a été tué d'une façon horrible. A l'Hôtel militaire, en face du Gouvernement, huit personnes, hommes, femmes et enfants ont été assassinés. Halid Effendi, un fonctionnaire de la police a été tué. Saghir Hassan et Cavass Ahmed de Sparta ont été victimes d'une tenancière de maison de tolérance, une certaine Iskona Marianti. Environ une cinquantaine de bateliers musulmans de la place dite de Passeports, ont été liés par une chaine et noyés dans la mer. Leurs corps ont été au fur et à mesure rejetés sur la côte avec ceux d'un grand nombre d'autres victimes. Le percepteur des finances du quartier Tilkilik, Noury Bey fut criblé de

baïonnettes et a succombé devant l'imprimerie du Keuylu par suite d'une cinquantaine de blessures. L'ancien agent de police Ahmed Effendi a été mis en morceaux par les soldats grecs. Le batelier Tatar Hussein a été égorgé. On a aussi attenté à l'honneur de beaucoup de familles, que nous nous abstenons de nommer. Ont été pillés et saccagés les maisons, magasins, hôtels, casinos et établissements suivants : le casino du Parc, le café et l'hôtel Askéri. Le Han d'Ewlia Zadé, le restaurant de Boloulou Mehmed, la librairie Ahmed Raghib frères, la laiterie et pâtisserie Ibrahim Hakki, la pharmacie Chifa, le club « Foyer du Droit » à Ekmekdji Bachi Han, la cordonnerie Saadeddin, la librairie des Saloniciens, le magasin de chemiserie Hadji Hafiz Mustafa frères, le restaurant Ismaïl Effendi et sa maison à Caratache, les magasins de Taschdji Osman Effendi, Hadji Hafiz Fikri, et Selanikli Hafiz Husni, le bazar d'Ala-Chéhir, le magasin du cordonnier Hakki Ousta, les tapis et sedjadés *des mosquées* Hissar et Beuluk Bachi, le casino des officiers de réserve en face des Passeports, le magasin de l'horloger Tewfik à Odoun Bazar, à Arasta et devant le vieux tribunal environ 120 boutiques musulmanes, le magasin de Kérestedji Djihan Bey, la maison à Kilidj-Ali du Commissaire de police Mehmed Effendi, celle de l'agent Mustapha à Dibek Baschi, le magasin d'Ali Haydar Bey, la maison du directeur du recensement Hassan Bey à Alay-Bey, à Karatach on n'a pas laissé même une pierre de la maison Noury Bey, à Gueuz Tépé de la maison de l'horloger Hafiz Mehmed Effendi, la maison de jeu Baldji Zadé Hamid Bey, à Karantina la maison du lieutenant-colonel Tahir Bey et celle du capitaine Hilmi Bey, dans la rue Mektoubdji la maison de l'ex-commodore, du secrétaire du vilayet Ahmed Bey, la maison et le magasin de Akardjali Zadé Hadji Béchir Effendi, la maison de l'ex-directeur de la prison centrale Noury Bey, la maison à Boz Yaka de Hussein Rifat Bey, toutes les maisons du quartier Eschref Pacha sous prétexte de chercher des armes. A la rue Franque les cliniques des docteurs Mehmed Ali, Essad Nazif, Cherif, Fuad, Djerdet, etc.

2. — A Bournabat, le 16 mai 1919, la population a été l'objet de la furie des vénizélistes qui se sont attaqués à leurs maisons, les ont dépouillées de tous les objets de valeur et les menacèrent des pires châtiments si on les dénonçait. Voici les noms des propriétaires dont les maisons ont été mises à sac : Dr Ghalib bey, le major en retraite Tahsin bey, Ahmed Effendi de la Ban-

qué Agricole, le retraité Hussein Hussni Effendi, Aïdinli Karanfil Noury bey, etc... Les pertes de ces personnes s'élèvent à environ 5000 livres turques. L'épouse et la fille de Ghalib se sont vus enlever d'une façon brutale les bijoux et les pierreries qu'elles portaient sur elles. Un grand nombre de bestiaux et de troupeaux de moutons ont été enlevés. Des instruments aratoires d'une valeur de 18.000 livres ont été détruits. Parmi les habitants le nommé Sadik, âgé de 35 ans et le nommé Hadji Omer Oglou Hussein, (45 ans) ont été tués et jetés dans un puit. Dibagh Ali et cinq soldats dont on n'a pas pu établir l'identité à Palamout, et les ouvriers Ali et Hadji Mehmed Agha ont été fusillés par des assassins ignobles ; le crétois Emin et son fils Mouarem ont été étranglés avec une corde et jetés dans un puit. A Palamouth, Mardjan et Tchoban Hussein ont été gravement blessés. En outre quatorze autres personnes ont été tuées par des armes à feu. Le dimanche il est interdit aux musulmans, d'ordre du Commandant grec, d'ouvrir leurs boutiques avant la sortie de l'église des chrétiens.

3. — La région des villages de Gueuredjé et Djouma-Ovassi a été pillée et brûlée ; les émigrants ont complètement émigré et abandonné leurs foyers.

4. — A Nife, c'est un échappé de bagne nommé Cassaross, condamné pour assassinats et crimes divers à 15 ans de travaux forcés qui est chargé par les autorités grecques, en uniforme grec, de maintenir l'ordre et la sécurité avec quelques-uns de ces anciens compagnons de crime. Les vexations de ces brigands sur la population musulmane ont atteint un degré indescriptible. Sept Musulmans arrêtés par ces gens sans aveu ont été laissés 3 jours sans recevoir à manger et à boire. Les maisons du village de Kara Tcham ont été démolies pour servir de combustibles aux soldats grecs chargés de se procurer du bois.

5. — A Vourla, un nommé Mehmed mourut à la suite des mauvais traitements infligés par les soldats grecs. Une grande partie des maisons du Caza (district) furent pillées, tandis que ceux des villages environnants devenaient la proie des flammes.

6. — A Sivri-Hissar les gendarmes et les officiers ont été écroués trois jours durant respectivement à l'école grecque et à la résidance du Caïmakam, après quoi ils ont été dirigés à pied à Smyrne. Les habitants sous le prétexte futile de chercher des armes furent emprisonnés et frappés. Les notables Mehmed Bey

et Behjet Effendi maltraités tout le long de la route furent conduits à Smyrne où ils sont encore en prison. Ce dernier qui est maire de la commune de Doghan Bey fut la risée de ses gardiens qui lui firent balayer les rues de Vourla.

7. — Nonobstant ces cruautés et ses atteintes à l'honneur, la liberté de conscience fût aussi foulée aux pieds et des Musulmans furent forcés à la conversion par leurs bourreaux. Nous pouvons citer ici les agents de police du karakol de Fassoula, Chefket et Ramazan effendis qui ont été nommés respectivement Lefter et Dimitri.

Altesse,

Ces faits que nous venons de relater et ceux dont nous n'avons pu encore nous renseigner, ces actes barbares et indignes, perpétrés sous les yeux mêmes des étrangers, des forces ententistes et de leurs commandants y compris l'amiral en chef Callthrop, justifie l'angoisse de la population turque qui voit son honneur, sa vie et ses biens en danger. La politique hellénique qui a réduit à néant la population turque de la Thessalie, qui du tiers qu'elle était l'a réduite à un dixième dans l'île de Crête, qui malgré le court espace de temps a réussi à la faire diminuer de moitié en Macédoine, cette politique est de nature à désespérer mêmes les optimistes les plus bornés.

Nous vous prions en conséquence de bien vouloir exposer ces faits à l'attention de la Conférence de la Paix et lui faire nettement ressortir que la population musulmane qui compose le 85 % de la population totale du vilayet de Smyrne soit l'écrasante majorité ne pourra jamais admettre ni accepter une paix qui lui ravirait la moindre parcelle de ces contrées pour la donner injustement à une autre nation, d'autant plus à la plus cruelle et la plus intolérante. En donnant ce mandat à Votre Altesse, nous nous appuyons sur la volonté expresse des habitants de tout le Vilayet, volonté qui se confirme hautement par la résistance qu'ils opposent à l'intrusion hellénique.

Copie du rapport adressé au Ministère de la Guerre par le général Ali Nadir Pacha, commandant le IVe corps d'armée à Smyrne.

1. J'avais prévenu Votre Excellence de la communication officielle qui m'a été faite par l'amiral anglais Callthrop le 14-5-19 à 9 h. du matin et m'annonçant l'occupation par les forces ententistes des points fortifiés de Smyrne d'après les clauses de l'article sept de l'armistice. Elle m'informait aussi que cette décision avait été portée à la connaissance de la Sublime-Porte. Votre Excellence m'avait répondu qu'il fallait naturellement se conformer aux clauses de l'armistice et ne pas prêter l'oreille aux bruits persistants de l'annexion à la Grèce de la ville de Smyrne, bruits que je n'avais pas manqué non plus de communiquer à Votre Excellence.

2. Le même jour à 11 h. 30 à m. l'amiral Callthrop me communique la note suivante :

« D'après le septième article de l'armistice et avec le consentement des Puissances de l'Entente, Smyrne sera occupé par les troupes helléniques. Les transports devant les amener commenceront le débarquement demain matin à 8 heures. Dès 7 heures, des détachements de marins hellènes occuperont les échelles de débarquement. Pour prévenir tout incident regrettable et tout malentendu, toutes les troupes se trouvant dans les parages des passeports jusqu'à la pointe, sauf les postes de police et de gendarmerie, devront se concentrer à la caserne et se conformer aux décisions du commandant du corps d'occupation. Les bureaux du Télégraphe et de la Poste seront immédiatement occupés par un détachement anglais pour empêcher toute communication avec l'extérieur. » La note se terminait par la menace de maintenir au besoin l'ordre et la tranquilité au moyen des forces navales Ententistes présentes dans le port. Le cas a été porté à la connaissance de Votre Excellence le 15-5-19 à 1 h. p. m., et des ordres ont été immédiatement donnés en vue de se conformer aux prescriptions de la note et pour le maintien de l'ordre.

3. Le 15-5-19 les détachements grecs débarqués se dirigèrent à 11 heures du matin vers la caserne. A la tête des troupes un grand drapeau hellène était porté par des Grecs indigènes qui les entouraient et précédaient en masse compacte en criant : « zito Venizelos » et en applaudissant frénétiquement. C'est dans cet état

que la foule et les soldats commencèrent à défiler. Dans la caserne les officiers et les troupes du corps d'armée, du bureau de recrutement de la 56e division, du régiment de cavalerie et de divers corps de troupes étaient à leur poste. Le cortège avait déjà dépassé et contourné la caserne par la rue du trame, quand un coup de feu fût parti, tiré très probablement par un manifestant grec. Les troupes hellènes prirent alors immédiatement position contre la caserne et ouvrirent un feu nourri ; une mitrailleuse légère postée non loin de là participa aussi à la fusillade. Les officiers, surpris par la soudaineté et l'énergie de l'attaque se réunirent dans les corridors de la bâtisse contre laquelle le feu n'était pas d'un grand effet.

Convaincu que l'incident provoqué était prémédité dans le but de désorganiser le rouage administratif turc et d'en profiter pour léser les droits des paisibles habitants et comprenant d'autre part que pour remédier à cet état de choses il n'y avait pas d'autre moyen que de faire cesser le feu, je mis tout en œuvre pour y arriver. Mais chaque tentative effectuée de notre part faisait redoubler la fusillade. En désespoir de cause je fis attacher un drapeau blanc à une longue hampe et le suivant je me portai en personne vers les troupes grecques. Je les vis alors, officiers et soldats se précipiter sur nous baïonnette au canon. D'ailleurs pour démontrer que nous n'avions absolument pas riposté et pour ne pas laisser place au doute, moi et mon entourage nous étions sans armes. Là je me suis arrêté. Notre présence qui aurait dû imposer le calme à l'armée la moins disciplinée, les exaspéra au contraire et le feu continua encore un certain temps.

4. A partir du moment où nous avons franchi la porte de la caserne, commença pour nous une suite de crimes et d'insultes qu'aucune histoire n'a jamais enregistrée jusqu'ici. On n'a jamais attenté à la dignité des gouvernements comme des militaires de la façon dont les gens le firent pour nous. Sans aucune distinction de rang et de grade, moi y compris, on s'est attaqué avec les plus grossières injures aux officiers désarmés. Sous une pluie de coups de baïonnettes et de crosse, on les fouilla, on vola tout ce qu'on trouvait sur eux ; mouchoirs, montres, portefeuilles, tabatières, bagues, argent, etc. On déchiqueta et on piétina nos coiffures militaires. Puis entourée d'une foule qui tout le long du chemin vomissait des injures immondes, on mit en marche ce triste convoi. Les officiers hellènes qui se trouvaient là, loin d'empêcher

ces abus indignes, excitaient au contraire, par leurs attitudes et leurs gestes, cette populace grossière et aux instincts bien bas.

5. Alors un spectacle des plus horribles, une scène à faire frémir d'indignation le cœur le plus endurci, le plus blasé, se déroula tout le long du parcours. Les troupes d'occupation rangées des deux côtés, et la populace grecque armée de révolvers tiraient au jugé sur le convoi et à chaque pas frappaient les officiers avec des fers, des poignards et autres objets qui se trouvaient sous leurs mains. Des gens se trouvant sur des bateaux grecs ancrés dans le port, sur les balcons des maisons et des appartements, dans les cafés et autres, tous grecs indigènes ou soldats hellènes, tous participaient plus ou moins d'une façon ou d'une autre à cet affreux supplice. Les officiers, les mains en l'air, furent obligés de crier des « zitos ». Beaucoup d'entre eux ainsi que des soldats ont succombé aux coups ou ont été tués ou blessés par les armes. C'est devant la Banque d'Orient et près d'un torpilleur grec amarré au quai que nous avons été le plus exposé au feu. Tout ceci se déroulait sous les yeux des étrangers, des officiers et soldats des unités navales de l'Entente présents à ce moment. Quoique nos pertes n'aient pas été entièrement déterminées on peut compter plus de 40 tués et 60 blessés ; parmi les victimes on peut citer le chef du bureau de recrutement du IVme Corps d'Armée, le colonel Suleiman Fethi bey, le colonel d'état-major Ali bey, le médecin en chef lieutenant-colonel Chukri bey, et le chef d'état-major Abdoul Hamid bey et bien d'autres.

6. Dans les bateaux plus d'une trentaine d'evzones chargés de fouiller derechef les officiers, se conduisirent comme il fallait s'y attendre, de la pire façon. Ils ne leur ménageaient aucune injure, aucune humiliation.

7. Moi, y compris tous les officiers nous avons été conduits dans les cales des bateaux auprès des animaux. Après 6 à 7 heures de mauvais traitements et de détention, moi, le chef d'état-major Abdul Hamid bey et le commandant de la 56me division nous avons été conduits à la caserne dans le but d'achever dans un délai de deux heures l'évacuation de la ville.

8. Les officiers restés dans le bateau furent bien plus tard conduits au fur et à mesure dans les cabines de seconde classe. Dans ces cabines, pouvant contenir tout au plus trente personnes on entassa environ cent cinquante officiers et une grande partie des agents de police et des civils qui avaient été arrêtés. Durant

2

les 48 heures qui s'écoulèrent jusqu'à l'arrivée des officiers alliés, on ne leur donna absolument aucune nourriture, et dans la suite on se contenta seulement de distribuer du pain sec, du fromage et quelques figues. Les officiers blessés furent pansés à peine sans aucun souci de bien faire, et l'un d'eux dont l'état était très grave, resta deux jours sans soin et sans pansement. Ils ne pouvaient respirer de l'air frais que pendant quelques minutes qu'on les laissait monter sur le pont toutes les trois ou quatre heures. Je renonce à vous citer tous les détails de l'affreuse misère endurée par le corps des officiers durant leur internement.

9. A la suite de nos démarches continuelles nous parvînmes le 18-5-19 à retirer les officiers de cette situation douloureuse; on les conduisit de nouveau à la caserne, d'où quelques heures après, les mariés purent à l'aide de permis délivrés par les autorités militaires hellènes, retourner chez eux, tandis que ceux qui étaient célibataires étaient retenus à la caserne.

10. Voici en résumé les faits qui se sont passés à la caserne et dans les autres bâtiments militaires.

Toute la caserne a été l'objet d'attaques et de vols; les caisses du Corps d'Armée, le bureau de recrutement de la 56e division, et du bataillon de génie contenant environ plus de cent cinquante mille livres ont été complètement pillés. Tous les effets des soldats et des officiers ont été volés.

11. Les soldats et officiers appartenant à des corps de troupe situés en dehors de la caserne ont été arrêtés isolément, frappés, injuriés, volés et les caisses de ces établissements ont été également pillées.

12. Les officiers ainsi dépouillés de tout ce qu'ils avaient sur eux se trouvent dans un état de dénuement complet. En outre les maisons de la plupart d'entre eux ont été complètement saccagées. Un certain nombre des familles d'officiers ont eu encore à subir les outrages de la part des bandits grecs.

Par conséquent, tous les officiers de Smyrne sont aujourd'hui abattus, dénués et profondément affligés.

13. Les corps de troupes d'Aïvalik, de Magnésie, d'Aïdin, de Sauké et d'Antalia relevant de mon commandement n'ont pu jusqu'ici communiquer avec moi. Je vous aviserai immédiatement dès qu'il leur aura été possible.

Veuillez agréer Monsieur le Ministre, etc.

ALI NADIR PACHA.

Rapport chiffré adréssé le 20-5-19 au Ministre de la Guerre par Ali Nadir Pacha, commandant le 17ᵐᵉ corps d'armée à Smyrne.

Les victimes des événements tragiques de Smyrne sont les suivantes :

Parmi les officiers supérieurs et subalternes :

Tués : Le chef du bureau de recrutement Suleiman Fethy Bey, l'écrivain de troisième classe de la première section de l'Etat Major Nadir Bey, l'écrivain de troisième classe de la première section de l'Intendance Ahmed Hamdi, le secrétaire du régiment Fethi Bey, le lieutenant major de la seconde section de l'Intendance Hussein Nedjati Bey, le médecin en chef du corps d'armée lieutenant colonel Chukri Bey, le pharmacien en chef capitaine Admed Effendi, le lieutenant Faïk de la compagnie du génie et le capitaine Nazmi Beys du bureau de recrutement.

Blessés : Le chef du bureau d'inspection Ali Bey, du même bureau lieutenant colonel Djemil Bey, le chef d'état-major Abdul Hamid Bey, les secrétaires Sadeddin, Zihni Haïri, Nazim, Akif. Ibrahim Effendis, le lieutenant aide de camp Néchet, le colonel chef de la troisième division Abbas Beys. L'aide de camp du corps d'armée Behæddin, le capitaine Nussouhi, les lieutenants Galib et Djélal, le mécanicien télégraphiste Selaheddin, le lieutenant d'intendance Zia, le capitaine du projecteur Haïri, le lieutenant attaché à l'état-major de la 56ᵉ division Rifat et le lieutenant Mehmed Ali Effendis.

Disparus : Le lieutenant de cavalerie Chukri, le secrétaire Halil, le capitaine Mehmed Noury, le major Houloussy Beys, le lieutenant aviateur Osman, les lieutenants Ihsan, Ibrahim Hakki, Kutchouk Haïri, le commandant de batterie major Aziz, le capitaine d'artillerie Hassan Fehmi, les lieutenants d'artillerie Surouri Haïri, Edhem et Halid, les lieutenants Chukri, Halim, Murteza, Kémal, l'adjudant Ali Yaver, le commandant des obusiers de campagne major Mahmoud Nedim du même corps, les capitaines Seid Ali, Djélal, les lieutenants Tewfik et Aziz et Ghalib Effendis.

Jusqu'à présent nous n'avons aucune nouvelle sur la vie et la mort de ces officiers. Je ne manquerais pas de vous aviser au fur et à mesure que j'aurais des renseignements sur eux.

Ali NADIR PACHA.

Constantinople le 5 juin 1919.

Au Commandant Général de la Gendarmerie
à Constantinople.

En ma qualité d'officier de gendarmerie et d'ordonnance du Gouverneur général de Smyrne, je considère comme un devoir militaire et patriotique de vous exposer ci-dessous, dans leur détail, les événements qui se sont déroulés au cours de l'occupation de Smyrne par l'armée hellénique; ainsi que les injures et les cruautés de toutes sortes auxquelles ont été exposés nos fonctionnaires civils et militaires, et notamment les officiers et hommes de troupe de gendarmerie ainsi que la population musulmane, femmes, enfants et vieillards compris.

Le 15 mai à 10 heures du soir, l'amiral Calltrop remit une note au Gouverneur Général pour l'informer que le 16 au matin, Smyrne et ses environs seraient placés sous l'occupation militaire hellénique. On vit en effet, ce matin-là, de très bonne heure, plus de vingt transports qui avaient amené dans le port la première division hellénique. Là-dessus parut une proclamation rédigée en turc et en grec et signée par le colonel Zafirion. Le détachement des forces d'occupation qui fût débarqué le premier sur le quai, alla occuper le bureau des transports de la police. Les agents de police et les gendarmes qui se trouvaient dans ce bureau, furent par conséquent retirés et ramenés au siège du Commandement du régiment de gendarmerie. Ils étaient à peine arrivés, qu'on vit s'avancer vers la caserne, en suivant les quais, un bataillon d'evzônes hellènes précédé de son Commandant à cheval et suivi lui-même par un officier de grade subalterne portant l'étendard hellénique. Un grand nombre de femmes et d'enfants grecs précédaient et accompagnaient ce bataillon. Les représentants de l'armée grecque ainsi qu'une grande partie de membres affiliés à l'organisation de la « Megali Idea » (Grande Idée) le suivaient également, *revolver au poing*. La foule comme les soldats grecs passèrent devant la caserne avec ordre et en toute tranquilité. Au moment où ils tournaient le coin de la rue et se trouvaient éloignés d'environ deux cent mètres de la caserne, une détonation fut entendue. C'est un des individus armés de revolver, et qui accompagnaient le bataillon hellène qui a dû tirer; peut-être l'a-t-il fait involontairement, par accident. Quoiqu'il en soit, la détonation sema la panique parmi les militaires hellènes et officiers comme soldats se mirent à fuirent dans toutes les directions et principalement dans celle d'où ils étaient venus. Les détachements qui les suivaient prirent alors position dans le jardin situé entre le palais du Gouverneur général et la caserne et prenant pour cibles les portes et fenêtres de la caserne ils ouvrirent un feu très violent. On ne ripostait d'aucune part. Malgré cela, on entretint la fusillade pendant plus d'une demi-heure. Des femmes et des enfants turcs qui se trouvaient là pris de terreur, s'étaient réfugiés dans les escaliers à l'entrée de la Banque Agricole, croyant être plus ou moins à l'abri de la fusillade ; ils furent massacrés sans pitié. Littéralement un véritable ruisseau de sang coulait à travers les marches de l'escalier, formant une mare devant le bâtiment de la Banque.

Dans la proclamation qu'il avait fait afficher le matin de bonne heure, le Commandant des troupes d'occupation hellénique, invitait les fonctionnaires administratifs et judiciaires à continuer à exercer leurs fonctions comme par le passé. Confiants aux termes de cette proclamation, tous les fonctionnaires du gouvernement turc se trouvaient à leur poste. Mais quand ils virent les soldats hellènes monter à l'étage supérieure du casino militaire, situé en face du palais du gouvernement, et de là diriger une vive fusillade sur ce palais, tous ces pauvres gens menacés allèrent instinctivement se grouper autour du gouverneur général pour attendre la suite des évènements.

La pièce où étaient réunis le vali et les fonctionnaires ainsi que les officiers de gendarmerie se trouvait dans la partie du konak relativement la moins exposée. Il fut décidé de faire comprendre aux Grecs, aux moyens d'un blanc hissé à la façade, qu'on ne faisait pas du feu du konak et qu'on devrait cesser la fusillade au moins de ce côté. Mais rien n'y fit. Le feu continuait de plus belle et quand enfin il cessa à l'extérieur, nous entendîmes soudain des coups de feu tirés à l'étage inférieur du palais gouvernemental. Les assaillants avaient pénétré dans le konak. Mais nous imaginant — à tort d'ailleurs comme nous l'avons trop vu plus tard — qu'il y aurait sûrement un officier à la tête de ces assaillants et à qui nous pourrions faire entendre raison, nous ouvrîmes toutes grandes les portes de la chambre du gouverneur-général et nous invitâmes, en grec, les soldats qui montaient déjà, à y pénétrer. Deux evzônes, baïonnette au canon, pénétrèrent dans le salon. On leur fit entendre à plusieurs reprises que cette pièce était le siège du Gouvernement et que le Gouverneur-Général s'y trouvait en personne. Mais les deux soldats se mirent à proférer des menaces et des injures en grec et en turc et nous ordonnant d'avoir haut les mains, nous contraignirent tous à descendre. Sur l'escalier, en dehors de la pièce où nous étions réunis, d'autres evzônes, baïonnette au canon, s'étaient allignés. Tout le monde défila devant ces brutes. Sans égard à leur rang, les plus hauts fonctionnaires mêmes reçurent des coups de crosse, furent piqués avec des baïonnettes et plusieurs furent sérieusement blessés.

A l'étage inférieur, les soldats hellènes obligèrent tout d'abord les fonctionnaires à piétiner leurs fezs et leurs calpaks (coiffures). Ceux qui hésitaient se voyaient enlever leur coiffure à la pointe de la baïonnette. C'est ainsi que bien d'entre eux furent blessés à la tête ou au visage. Les Grecs indigènes s'étant également joints aux militaires hellènes, les fonctionnaires civils furent pour la plupart violemment battus à coups de crosse, de bûches ou de barres de fer. Sous prétexte de chercher des armes ils furent fouillés et bien entendus dépouillés de tout ce qu'ils avaient sur eux. Les militaires hellènes arrachèrent leurs uniformes à nos officiers de gendarmerie qui furent, comme les autres, l'objet d'odieux traitements. Encadrés de plusieurs soldats qui les gardaient, baïonnette au canon, tout ce monde fut conduit vers le quai. On obligeait sous la menace des baïonnettes à crier : « zito Venizelos » ; les bras en l'air, les têtes nues, ce triste convoi — qui ne fait certes pas honneur aux hellènes qui l'ont organisée — fût ainsi conduit pendant un certain temps. Une certaine distance était déjà parcourue quand le représentant de la Grèce arriva en automobile et partit en emmenant le Gouverneur-Général et son fils. Les autres furent sans rime ni raison, battus, insultés, blessés à coups de baïonnette et même tués. Traînés tout le long du quai, l'artère la plus importante de la ville, aucune injure, aucune humiliation ne fût épargnée à ces pauvres gens. Les Représentants militaires des Puissances de l'Entente se trouvant dans les vaisseaux de guerre amarrés dans le port, les étrangers et les notables habitant les bâtiments sur le quai furent les témoins de ces forfaits.

Plusieurs de nos officiers et fonctionnaires, désarmés et sans défense, escortés par des détachements helléniques, furent massacrés par eux et sous les yeux mêmes des étrangers. Les Grecs indigènes s'étaient armés pour la circonstance, de bûches, de barres de fer, de chaînes et toutes sortes d'autres instruments de violence. Quand un groupe d'officiers, escorté arrivait devant les bureeux de la douane, les réguliers hellènes et les Grecs indigènes se ruaient en masse sur eux les criblant de coups. L'adjudant-major, Nedjati Effendi, fut ainsi assassiné par des tortures incroyables. Son fils, agé de 8 à 10 ans, qui était ce jour-là auprès de son père, fut traîné avec lui, et assista à son tragique dénuement. Fou de douleurs, sous des convulsions de larmes et des cris angoissants, il se jeta sur le cadavre sanglant et déchiqueté de son père. C'était horrible à voir. Le malheureux petit reçut aussi un coup de baïonnette ; aucun sentiment humain n'effleure un cœur grec. ils le prouvèrent. Nos officiers et nos fonctionnaires divisés en plusieurs groupes, furent pendant tout le parcours du konak et de la caserne jusqu'au bureau des passeports, l'objet d'insultes les plus grossières de la populace grecque. Les dames grecques, les élégantes de la haute société se faisaient particulièrement remarquer par leurs exaltations, et leur zèle à proférer les injures les plus immondes. Elles leur lançaient tous ce qui tombait sous leurs mains délicates (!) pierres, mottes de terre, débris de tuiles, etc. Quelques-unes mêmes ont tiré des coups de revolvers pour mieux prouver qu'elles étaient les dignes moitiés des grecs modernes.

En dehors des fonctionnaires et des officiers, tous les Turcs et Musulmans ont été ce jour-là rencontrés dans les rues et à la campagne furent, sans en excepter les petits enfants, arrêtés et emprisonnés en divers endroits avec les mêmes procédés. Les élèves en bas âge de l'Ecole Sultanié (lycée) sise à côté du konak, furent eux aussi emprisonnés et victimes des mêmes traitements. Ces malheureux enfants furent battus et martyrisés d'une façon vraiment inhumaine. Tous les détenus étaient emprisonnés en groupe à la bourse des céréales, aux dépôts de farine, dans les boutiques vides et dans les dépôts à bestiaux. Ils furent laissés pendant trois jours sans nourriture. Et quand ils furent remis en liberté, plusieurs d'entre eux, pères de famille, rentrés chez eux, se trouvèrent en présence d'une nouvelle tragédie.

Le jour et le soir où les fonctionnaires et les habitants furent jetés en prison, les Grecs indigènes, conduits par les boy-scouts grecs, pénétrèrent dans les demeures de plusieurs officiers ou employés de l'Etat. A part le pillage en règle aucun forfait ne fût épargné. Un Monsieur musulman, dont l'adresse et le nom sont connus, vit sa femme violée en sa présence par le soldatesque hellène. Le marché musulman, ainsi que les boutiques des musulmans se trouvant dans les quartiers habités par les chrétiens, furent complètement pillés, les caisses brisées et le contenu vidé. Les bureaux des autorités furent complètement mis sans dessus dessous. Les tiroirs des pupitres furent ouverts à coups de baïonnette, tous les documents anéantis. Tous les coffres-forts appartenant aux diverses administrations de l'Etat furent brisés à l'aide d'instruments spéciaux, et leur contenu volé. Rien n'y fut laissé. On emporta jusqu'aux plumes et les encriers. Les fauteuils en maroquin qui se trouvaient dans la chambre du gouverneur furent coupés pour emporter les maroquins. Tous les appareils téléphoniques furent détruits ou rendus inutilisables. Tout l'ameublement de la caserne fut jeté par les fenêtres, et se brisèrent au point de ne plus servir à rien.

Encore pendant cette funeste journée les Grecs ont massacré tous les agents et gendarmes rencontrés dans les endroits isolés à l'intérieur et à l'extérieur de la ville. Quinze jours après ces événements, on retirait encore plusieurs cadavres de la mer. Les corps putréfiés de trois agents de police, liés les uns aux autres par des chaînes qu'on avait fait passer à leur cou, furent rejetés par la mer sur le quai du parc en face du palais gouvernemental. Ce fait attira sérieusement l'attention.

A l'endroit dit Bos-yaka, neuf personnes, et à Sidikeuy et dans ses environs plusieurs musulmans dont le nombre n'est pas encore établi furent massacrés et leurs dépouilles laissées pendant plusieurs jours sans sépulture. Aucun Musulman n'a osé les ensevelir.

Le colonel Suleiman Fethi Bey, président de la Commission de recrutement du 4me corps d'armée, le vice-major Nedjati ainsi que Tahsin Redjeb Beys, propriétaire du journal *Houkoukou-Bécher* (Les Droits de l'homme), qui a été mis en pièce sur le quai même, sont les principaux martyrs de marque connus. Il se trouve parmi les tués beaucoup d'autres de nos coreligionnaires dont l'identité n'est pas encore établie. Il y a en outre un nombre important de tués par des balles égarées.

Je faillirais à mon devoir si je ne vous faisais pas part d'une regrettable constatation que j'ai faite au cours de ces événements. Comme je l'ai déjà dit, ces crimes et forfaits ont été perpétrés en plein jour et sous les yeux de milliers d'étrangers, des représentants diplomatiques militaires de l'Entente. Les officiers américains carracolaient un peu partout dans la ville, et ont été comme bien d'autres les témoins oculaires, de tous les forfaits ignobles dont les Grecs se sont rendus coupables. Je regrette de le dire mais ils n'ont rien fait, pas un geste pour les empêcher.

Le 9 juin 1919.   Certifié conforme à l'original :
Le Commandant général de la Gendarmerie ottomane,
(*signé*) Colonel ALI KÉMAL.

Rapport de la Commission militaire Turque à Smyrne au Ministère de la Guerre à Constantinople.

J'ai l'honneur de vous faire connaître ci-dessous un résumé des regrettables événements de Smyrne :

I. — Une violente fusillade ayant été dirigée par les troupes grecques débarquées à Smyrne, contre la façade de la caserne, les officiers et soldats turcs qui s'y trouvaient réunis sur les instructions de l'amiral Calthrope, durent se réfugier dans les couloirs et les endroits abrités de la caserne. Après nombre de difficultés, pour leur montrer qu'on ne voulait nullement se défendre, tous les officiers du corps d'armée furent emmenés en convoi au transport grec « Patris ». Durant le trajet qu'on nous obligea à faire à pied le long du quai sous la huée et les insultes les plus grossières de la populace grecque, beaucoup d'officiers et de soldats furent tués ou blessés par des balles tirées par les civils et militaires grecs, comme le Commandant du corps d'armée l'a fait connaître en détail à Votre Excellence.

Le même jour plus de sept cents personnes civiles, des commerçants et autres, qui avaient été arrêtées par les autorités militaires grecques dans les divers quartiers de Smyrne, soit dans les rues, soit dans les hôtels, les auberges ou les magasins, furent emmenées aussi à bord du même bateau et emprisonnées dans la cale.

Le commandant Ali Nadir Pacha, son Chef d'Etat-major, le major Abdul-Hamid Bey, le commandant de la 56e division Hussein Bey et le lieutenant Enver Bey, officier d'ordonnance du commandant, furent relâchés à six heures de l'après-midi.

II. Le lendemain le colonel grec Zafiriou, commandant les troupes d'occupation hellénique est venu à bord du « Patris » et a demandé à causer avec l'un des officiers emprisonnés, pour pouvoir enquêter sur les incidents survenus la veille ; je me suis offert à me présenter auprès de lui. Voici le résumé de notre entretien :

1. — Après m'avoir reçu d'une façon très courtoise, il me dit que la principale raison de l'incident était qu'on avait tiré de la caserne, dans l'intention de la défendre, contre les compagnies grecques qui s'avançaient en formation de marche, et que le soldat de l'aile droite du premier peloton fut mortellement atteint. Il me dit que la bravoure de l'armée turque était connue et que

durant la guerre balkanique, ayant été continuellement en contact avec elle, il avait apprécié sa valeur combattive et ses vertus et me fit un tas d'éloges à ce sujet. Il me dit ensuite qu'il avait occupé Smyrne sur la décision des Puissances de l'Entente et que les Grecs et les Musulmans devaient par leur situation respective vivre en termes fraternels soit en Grèce soit en Turquie ; il ajouta qu'il regrettait vivement les incidents survenus et qu'il en était très affecté.

Je lui répliquai alors que le commandant du corps d'armée avait reçu la nuit du 14 au 15 mai, l'avertissement de l'amiral Calthrope et qu'il en avait tout de suite informé les autorités subalternes ; qu'il avait ordonné la réunion à la caserne, avant 5 heures du matin, du bataillon (bat. 2. Régiment 133) qui se trouvait à Pounta, et de tous les officiers présents à Smyrne ; et qu'en même temps il avait pris toutes les mesures pour prévenir les incidents qui auraient pu se produire.

« En effet, nous avons vu, lui dis-je, qu'un bataillon evzône s'avançait du côté de l'endroit de débarquement des troupes helléniques et que les trois compagnies de ce bataillon avaient déjà dépassé la caserne et même la contournant avaient pris la rue du tramway conduisant vers Kokar Yali ; la tête de ce détachement était déjà à la hauteur de la Banque Agricole quand un coup de feu partit, du côté de la foule grecque massée en face du konak et de la caserne, tiré par un inconnu qui sûrement ne pouvait être qu'un Grec. Les compagnies qui suivaient ce détachement se sont alors immédiatement étendues vers l'arrière et ayant pris position aux abords du parc ont ouvert un feu nourri sur la caserne. Par conséquent, comme vous le dites, si on avait tiré sur l'avant-garde du bataillon s'avançant vers la caserne, les trois compagnies de ce bataillon n'auraient pas dépassé la caserne et surtout ne l'auraient pas contournée pour prendre la rue du tramway. Au contraire déjà la première compagnie exposée aurait pris position et ouvert le feu.

2. — » En admettant que les occupants de la caserne aient fait usage de leurs armes pour la défendre, leurs balles devraient laisser des traces dans le Parc où vos soldats avaient pris position.

3. « Les officiers turcs, abstraction faite de leur instruction technique militaire, ont durant cinq années de guerre, acquis une grande expérience dans d'innombrables combats sur les div rs fronts. Peut-on prétendre qu'il se trouverait un officier turc pour

tenter une aventure aussi illogique et folle que de défendre la caserne avec 350 hommes (officiers et soldats) massés dans cette même caserne bâtie au bord de la mer, contre une force de douze mille hommes, ayant leur armement, munitions et équipements au complet ?

» D'autant plus qu'une flotte de l'Entente se trouvait dans le port de Smyrne précisément pour appuyer les forces helléniques s'avançant vers la caserne et prête à les seconder. Il est très naturel que dans ces conditions aucun officier turc n'ait même pas eu l'idée de songer à la défense de la caserne. Nous regrettons aussi ces événements et nous en sommes affectés tout autant que vous : à considérer que les autres détachements alliés qui ont occupé la veille les régions fortifiées de la ville ont effectué tranquillement leur débarquement tandis que l'occupation de Smyrne par les troupes grecques fut suivie de ces incidents.

» Je vous remercie pour les paroles aimables que vous avez employées à l'égard de l'armée turque, lui dis-je. Nous aussi, durant les diverses campagnes pendant lesquelles il nous a été donné d'être en contact avec l'armée grecque, nous avons eu l'occasion d'apprécier les mérites moraux et humanitaires de ses officiers et soldats ; nous étions tous convaincus de sa qualité d'armée civilisée. Aussi avons-nous été douloureusement surpris de la conduite inhumaine et indigne de vos officiers et soldats envers les nôtres, emmenés hier, encadrés de baïonnettes, de la caserne jusqu'à bord de ce bateau. Les officiers turcs tout en déplorant que les autorités helléniques se fussent laissées aller à des excès, espèrent que vous ne manquerez pas de réparer immédiatement cette déplorable incorrection. »

Sur ces mots je quittai le commandant de l'armée d'occupation hellénique. Ayant été de nouveau mandé dans la suite, je me suis rendu encore auprès de lui, à bord d'un petit remorqueur spécialement envoyé au « Patris » pour m'emmener. Notre second entretien roula uniquement sur la libération des officiers et soldats détenus à bord du « Patris ». Le mode de leur libération fut ainsi décidé et j'ai pu assurer le transfert à la caserne par un remorqueur qui serait envoyé le lendemain, de tous les officiers et soldats. De sorte que, quatre jours après les événements de Smyrne les officiers purent être transférés à la caserne et ceux qui étaient mariés purent rentrer chez eux.

. Toutes les caisses appartenant au corps d'armée ou aux contingents et aux divers services du corps d'armée qui se trouvaient
dans la caserne, ayant été saccagées et leur contenu pillé, et d'autre part, l'argent, les montres et autres objets précieux qui se
trouvaient sur les officiers, ayant été dévalisés par les soldats grecs
au moment de leur détention, les officiers turcs, mariés ou non,
se trouvaient dans un état de dénuement complet. Nous avons été
par conséquent forcés de leur distribuer, pour leurs besoins ur-
gents, une certaine somme que le corps d'armée possédait à la
Banque.

Le troisième jour après leur transfert, les officiers, qu'on
obligeait à se présenter chaque jour à la caserne, étaient soudain
empêchés par les soldats grecs d'en sortir une fois qu'ils y en-
traient. Tous ceux qui apprenaient cette nouvelle ne voulaient
plus venir à la caserne. Ils furent recherchés, arrêtés et emmenés
de force à la caserne par les autorités militaires helléniques, et
une seconde journée d'insultes fut ainsi imposée aux officiers turcs.
Sur ces entrefaites j'ai eu personnellement un nouvel entretien
avec le commandant des forces d'occupation. Il a été décidé que
les officiers et soldats non mariés seraient dirigés sur Moudania à
bord des transports grecs, et cinq jours seraient donnés à ceux
mariés, pour se préparer au départ pour la même destination. Il
fut fait ainsi. Les familles des officiers tombés martyrs au cours
des incidents de Smyrne furent aussi aidées par nous de façon
privée.

3. La Commission laissée à Smyrne pour les services du
Corps d'armée se compose de trois personnes, mais vu la besogne
écrasante, il est nécessaire d'en augmenter le nombre. Malheureusement toutes nos démarches à ce sujet auprès du Commandant hellénique restèrent sans effet. Notre Commission se heurte
à beaucoup de difficultés pour accomplir sa tâche. Entre autres il
ne nous est pas possible de mettre la main sur les dépôts de vivres et d'équipements ainsi qu'aux institutions industrielles et autres du corps d'armée. Nous avons fait de sérieuses démarches
auprès des autorités grecques par l'entremise des Anglais, pour
la remise de ces dépôts et institutions. Nous n'avons pu avoir de
la sorte que ceux qui se trouvaient seulement dans la caserne
même. Nous sommes arrivés ainsi, sous la surveillance des Anglais, à distribuer un peu de vivres aux familles des officiers
martyrs.

Tous les registres officiels, les livres de comptes et autres documents ont été saccagés, détruits et brûlés par les soldats grecs lors des événements. Je tâche d'en réunir au moins les débris. Je vous enverrai sous peu la liste de tout ce qui a été pillé, détruit ou volé par les Grecs.

4. Une liste détaillée des sommes dévalisées dans les caisses a été remise aux représentants alliés, au gouverneur de Smyrne et au commandant grec. Une autre liste des valeurs et objets volés aux officiers par les soldats grecs a été remise de même aux représentants alliés. Les bestiaux appartenant aux contingents de cavalerie et d'artillerie du corps d'armée ont été rassemblés par les Grecs dans la cour de la caserne et mouraient presque d'inanition. Des démarches sont faites pour leur entretien.

La liste des pillages faits par les Grecs vous est envoyée ci-inclus.

Veuillez, etc.....

(signé) Lieutenant Colonel SULEYMAN FEHMY,
chef d'Intendance du XVIIe corps.

Résumé de la liste y jointe :

Les Grecs ont pillé 20 caisses appartenant aux divers services du corps d'armée. Il a été noté :

> Piastres :   5.809.723.15 en reçus,
>   17.210.093.35 en billets de banque,
>   17.269.20 en monnaie de billon,
>   16.605.— en monnaie argent,
>   59 027.20 en or.

Soit au total des valeurs d'une somme globale de 23 millions 112 mille 600 piastres et quart. Ce qui veut dire en chiffres ronds 5 millions 250 mille francs.

Les massacres de Bergama et de Ménémen.

Mémoire sur les événements de Bergama.

Le contingent grec qui s'avançait dans la direction de Ménémen a, le 12 juin, occupé sans résistance la ville et les hauteurs dominantes de Bergama.

Le commandant de ce faible détachement ayant assuré que le gouvernement hellénique assumait la responsabilité morale et matérielle des dommages et sévices qui seraient occasionnés à la population, les gens privés comme les fonctionnaires continuèrent à vaquer à leurs affaires.

Sur les démarches du gouvernement local un gendarme turc fut adjoint aux patrouilles militaires grecques chargées de maintenir l'ordre dans la ville. Bien que tout marchât normalement durant le fait de l'occupation, les militaires grecs, les officiers en tête, commencèrent dès les premiers jours à perpétrer des crimes, des pillages et des attentats à l'honneur des femmes turques.

Le lendemain de l'occupation, ils ont tué Mehmed Emine, mouhtar du village de Tekly à une demi-heure de Bergama et ont pris les bestiaux qu'ils trouvaient au village, et dans les environs de Bergama ; ils ont séquestré et se sont approprié toutes les céréales appartenant à la population et ils ont détruit celles qu'ils n'ont pu prendre. Une patrouille de soldats grecs s'est abattue sur la ferme de Touzdji Moustapha près de la ville, et a pillé ses meubles, emporté son bétail et détruit ses semences. Ils ont tué en criblant de coups de baïonnette près de la ville, quatre malheureux dont l'identité n'a pu être établie, tellement ils avaient été défigurés.

Des soldats grecs ont arrêté Abdurrahman Agha qui se rendait à ses champs et lui ont extorqué 180 livres turques en billets de banque ; 30 livres d'or ont été volées à une personne, et la bague à une autre.

Dans les villages de Tchamkeuy et de Sendel on s'est attaqué à l'honneur des femmes et volé le bétail appartenant aux paysans.

Devant ces ignominies la population locale s'est adressée télégraphiquement le 15 juin aux représentants de l'Entente à Smyrne et a demandé justice et protection. On ne reçut aucune réponse.

C'est alors que l'oppression et la tyrannie commencèrent à s'exercer avec plus de force que jamais. Les bandes de brigands grecs, venues avec les troupes ou débarquées à Ayazmend, à Dikili et ailleurs, commencèrent à piller tous les villages environnants, emportèrent tous les animaux ou autres qu'ils trouvèrent et les envoyèrent à Metelin.

A la suite de ces événements la population de Bergama, menacée dans sa vie et son honneur, se souleva en masse et malgré son infériorité numérique et l'état précaire de son armement, réussit à chasser le bataillon grec, qui dut partir précipitamment en débandade. Les glorieux soldats hellènes se vengèrent alors en détruisant les villages turcs sur le chemin de leur retraite et en massacrant les habitants innocents. Plus de deux mille Musulmans furent ainsi assassinés.

Le lendemain de la retraite grecque de Bergama une force de quatre mille bandits fut débarquée, de Metelin à Dikili, où elle tua d'abord plusieurs centaines de Musulmans ; entre autres le commerçant bien connu Faïk, le directeur du télégraphe Assim, l'agent de la Dette publique Ali et son fils Halil, l'Arnavoud Sadi., etc.

Cette force a marché sur Bergama en pillant, saccageant, massacrant tout sur son passage. Ainsi les villages Kiriklar, Saghandji, Sazkeuy, Kalargua, Tchamkeny, Aladjalar, Tekly, Sendel furent dévastés au point que leurs emplacements même furent introuvables, et tous les habitants jusqu'aux bébés dans les berceaux furent passés par les armes.

La population de Bergama, à leur approche, s'est enfuie à Soma ; les faibles et les vieux qni n'ont pas pu partir à temps furent massacrés sans pitié. En entrant dans la ville les bandits grecs mirent le feu aux deux extrémités et s'avancèrent ensuite du côté de Touranli en incendiant sur leur passage, les villages de Kachikdji, Dundarly et en massacrant leurs habitants. Ils ont pillé tous les dépôts, hangars, magasins, boutiques et autres et ont envoyé tous les objets volés à Metelin.

Les soldats grecs qui ont occupé le caza de Bergama avaient à leur tête leurs officiers et ont commis tous ces méfaits et crimes sous leurs ordres. Non seulement le sexe, mais l'âge ni la maladie ne pouvaient empêcher leur brutalité Plusieurs Grecs ont violé une femme de soixante-cinq ans dans le seul but d'attenter à son honneur pendant que sa petite-fille de douze ans succombait de douleurs sous les mêmes outrages d'une nuée de brutes.

Ils ont bombardé à distance des villages qu'ils n'avaient pas eu le temps d'incendier et l'artillerie hellène a eu aussi sa part de gloire dans cet ignoble banditisme. Entre autres les villages de Achaghi Bey, Djengué, Djoumali, Keutche-Beyli, Youkary Bey et bien d'autres furent anéantis de cette façon.

Ainsi la population des sept communes et 183 villages du caza au nombre de 80.000 âmes, a dû s'enfuir dans des régions escarpées de l'intérieur, sur les montagnes où, dans une effrayante détresse, elle subit actuellement la plus affreuse misère.

Voilà ce que l'occupation *civilisatrice* hellénique a coûté au caza de Bergama.

Appel à la justice des survivants des Massacres de Ménémen remis aux représentants des Puissances alliées à Smyrne.

Nous adressons à Votre Excellence notre protestation au sujet des massacres perpétrés, le mardi 17 courant par les troupes helléniques et les Grecs indigènes sur la population musulmane de Ménémen, et vous prions de la soumettre à la haute appréciation de votre gouvernement dont nous demandons la protection.

Le 22 mai dernier, le sous-gouverneur du Caza Kémal bey avait averti la population de l'occupation prochaine de Ménémen par les troupes helléniques et nous avait exhortés à garder le calme et la tranquilité. Cette occupation n'aurait été que temporaire. Nous avons obéi à ses conseils et l'occupation militaire s'effectua dans le calme le plus absolu. Nous nous empressâmes même de remettre spontanément nos armes au commandant hellénique.

Malheureusement nous fûmes terriblement déçus et notre résignation fut bien autrement récompensée. Il est avéré en effet que le crime monstrueux commis par la suite était dûment prémédité comme le prouve l'armement des Grecs indigènes, les signes spéciaux mis aux murs des maisons turques par les Boy-scouts grecs. Un matin au milieu du calme et de la tranquilité qui n'avaient cessé de régner, une fusillade soudaine éclata en ville, tuant des centaines de Turcs, et blessant beaucoup d'autres. Effarés nous nous réfugiâmes dans nos maisons ; et tout le jour et toute la nuit suivante, nos domiciles furent violés, pillés, et jusqu'aux femmes et aux enfants tout le monde passé par les armes. Le sous-gouverneur Kémal bey fut assassiné dans sa chambre en chemise de nuit. Lui, qui rassurait toujours la population fut la première victime du forfait prémédité par le commandant grec et exécuté par ses suppôts. La prétendue tentative de révolte n'est qu'une pure invention et la preuve la plus évidente est qu'aucun soldat ou civil grec ne fut même égratigné.

Les faits suivants prouvent pleinement la préméditation de ces massacres:

1° La veille du crime les maisons turques furent fouillées sous prétexte de rechercher des armes ;

2° Le bataillon grec en retraite de Bergama s'est retiré à Deyirmen Dagh pour tenir des conciliabules avec les bandits grecs indigènes ;

3° La nuit précédant le crime, le konak du gouvernement fut occupé par un fort détachement grec qui assassina le sous-gouverneur et six gendarmes qui s'y trouvaient ;

4° La population musulmane n'a pas fait usage d'armes puisqu'aucun Grec tant civil que militaire ne fut même blessé.

5° L'emploi des balles explosibles comme l'a prouvé l'enquête ultérieure ;

6° L'insulte et même les voies de fait des Grecs sur le Métropolite (évêque) grec, Monseigneur Nicolaki, en pleine église, parce qu'il s'opposait au massacre de la population turque.

7° Le signe de croix apposé aux magasins et boutiques des non-Musulmans la veille des événements, ce qui eut pour conséquence le sac de ceux appartenant aux Musulmans ;

8° L'aveu du commerçant grec Anania qui a avoué dans le magasin de Chukri effendi et devant témoins que les jeunes gens grecs voulaient massacrer les Turcs mais que lui et le Métropolite s'y opposaient ;

9° L'avertissement donné par Saboundji Panayot à ses amis musulmans qu'ils seraient massacrés et qu'ils devaient se sauver au plus tôt.

10° Les cadavres de la plupart des Musulmans furent jetés dans la rivière Hermus.

11° Beaucoup de Turcs ont été assassinés à Kizkapou, et Tcherkess Mahallé.

12° Un certain nombre de cadavres furent incinérés au quartier Kognadji-Baghi et bien d'autres enterrés clandestinement dans des endroits divers, pour détruire les preuves de ces sauvageries.

L'instigateur et l'organisateur de ces crimes horribles est le commandant en personne des forces helléniques. Nous demandons avant tout le châtiment exemplaire de ce monstre.

Ensuite nous demandons protection pour notre honneur, notre vie et nos biens exposés à chaque moment aux menaces de ces bandits. Si le monde civilisé ne veut pas reconnaître notre droit à l'existence et à une vie ordonnée, nous vous prions de nous signifier notre arrêt de mort pour que nous puissions nous y préparer. Mais nous espérons que votre Gouvernement et votre nation ne permettront pas la continuation de crimes pareils.

Encore une fois nous demandons aide et protection aux grandes nations d'Europe et d'Amérique. Nous les prions de nous épargner après ces faits douloureux l'horreur d'une guerre de guérilla qui finira par ruiner complètement cette riche région.

Massacres de Ménémen.

Déclaration sous serment du fabricant Saffer Effendi :

Le dimanche 15 juin 1919, un bataillon hellène escorté par des Grecs indigènes occupa dans l'après-midi la ville de Ménémen. Le lendemain un second bataillon y arriva aussi. Ce dernier venait de Bergama qu'il avait occupé quatre jours auparavant, mais qu'il avait été forcé d'évacuer à la suite d'un combat avec les habitants de cette ville.

Dès cette même nuit l'attitude prise par la force militaire hellénique fut nettement inquiétante. Des détachements avaient pris position dans les quartiers divers, des mitrailleuses furent postées aux coins des rues et dans les endroits importants. Le gouverneur Kémal Bey téléphona même au commandant français à la gare de Ménémen, les préparatifs faits par les Grecs et souligna leurs caractères inquiétants. Ce soir là, Kémal Bey ne rentra pas chez lui comme de coutume et passa la nuit au palais du gouvernement. Le lendemain (mardi 17 juin), avant midi, je me trouvai au café de Hafiz avec quelques autres notables turcs, un paysan de Moussa bey Keuy, vint nous raconter qu'on entendait une fusillade du côté de Turkly Keuy et d'Helvadji Keuy. « Je crois que les Grecs massacrent les habitants de nos villages, ajouta-t-il. — Et le gouverneur, sait-il cela ? lui demandai-je. — Il me répondit affirmativement.» Nous étions en train de causer sur ces questions quand des coups de feu éclatèrent dans notre voisinage. Les Turcs fermaient leurs boutiques et partaient en courant. Je me suis hâté aussi de rentrer chez moi. Durant le trajet, j'entendais le sifflement des balles qui passaient au-dessus de ma tête.

Une fois rentré, j'ai vu de ma fenêtre, les soldats grecs, placés aux divers points, tirer des salves dans la ville; les balles par milliers pleuvaient de tous côtés. Ma femme et mes enfants pleuraient autour de moi et nous attendions la mort d'un moment à l'autre. La fusillade dura jusqu'à midi. Deux heures plus tard, une patrouille de cavalerie grecque circulait dans les rues; j'entendis une voix dire qu'il n'y avait rien de grave dans notre quartier, et que ce qui était advenu ailleurs était de notre faute. Je m'approchai de nouveau de la fenêtre et je vis mon voisin Kadry Agoa aller au devant de la patrouille. Il leur criait : «Comment? il n'y a rien, dites-vous? mais vous ne voyez donc pas ces morts qui gisent dans la rue?» Là dessus, je suis sorti aussi et je ne vis d'abord que les cavaliers grecs défiler devant ma maison. Mais à deux pas devant moi, étaient étendus trois cadavres de femmes; un petit garçon de dix ans, baigné dans son sang, et quelques pas plus loin, une fillette du même âge blessée aux genoux, agonisaient dans d'atroces souffrances. Un peu plus loin, le cadavre de mon voisin Ishak Effendi, un vieillard circassien de 65 ans, gisait ensanglanté dans la cour de sa propre maison. N'ayant plus le courage de continuer, je retournai chez moi.

A ce moment, Théodori, un Grec indigène de Tchechmé, à mon service, à la ferme que je possède près de la ville, vint me trouver et me raconta en pleurant que les soldats hellènes avaient tué Ahmed, son camarade, un autre domestique, et avaient emporté les vaches et les bœufs. Il ne reste plus que deux chevaux à l'étable, me dit-il, mais il ne voulait plus rester là-bas, je le gardai à la maison.

Nous passâmes la nuit de mardi dans l'angoisse et la terreur, nous apprêtant à mourir à chaque instant. Le lendemain matin (mercredi 18 juin 1919), des patrouilles circulaient dans la rue et annonçaient le rétablissement de l'ordre. Je me dirigeai vers le marché et entendis raconter l'arrivée à Smyrne des représentants de France et d'Angleterre au palais du Gouvernement. J'ai voulu m'y rendre aussi, mais les sentinelles s'y opposèrent. J'ai appris alors de quelques connaissances rencontrées là, que le gouverneur de Ménémen Kémal Bey et quatre gendarmes avaient été assassinés par les soldats grecs, et que les représentants anglais et français s'étaient rendus chez le Hakim (juge et chef religieux). J'y allai aussitôt, les deux représentants français et anglais, le mufti, le maire et le commandant de gendarmerie grec étaient là.

Je leur racontai qu'il y avait des morts et une fillette blessée dans notre quartier, que mon domestique avait été tué dans ma propriété et qu'on s'était emparé du bétail m'appartenant. Ils m'enjoignirent de ne pas m'occuper des morts et l'un des représentants ordonna au commandant grec d'envoyer immédiatement un médecin pour soigner la fillette blessée. Ils ont pris mon adresse et m'ont assuré qu'un médecin viendrait me trouver sous peu. De retour dans notre quartier je m'empressai de raconter ces nouvelles à mes voisins. Nous attendîmes plus de deux heures sans que personne se soit présenté.

A ce moment j'ai vu des soldats grecs recueillir les cadavres qui se trouvaient aux environs de la ville et les porter aux cimetières turc, dans des voitures.

Je me rendis immédiatement auprès des représentants français et anglais et je leur expliquai l'intention des autorités helléniques de cacher les preuves sanglantes des méfaits qu'elles avaient occasionnés, et je les exhortai à venir s'assurer personnellement, tant qu'il était temps encore, des crimes odieux qui avaient été commis par les Grecs. Ils me rassurèrent sur ce point, me dirent avoir tout vu et me permirent de faire enterrer les victimes de notre quartier.

Nous avons ce jour-là conduit au cimetière: Osman, âgé de 10 ans, fils de Kassab Ibrahim, quatre femmes, une petite Circassienne, fille d'Ibrahim et âgée de dix ans.

Après avoir passé une nuit dans des transes affreuses, le lendemain de bonne heure nous nous dirigeâmes à la gare pour fuir cet enfer. Au moment du départ du train on me fit descendre ainsi que mon fils en bas âge ; ma femme et mes autres enfants partirent en pleurant dans l'angoisse du sort inconnu qui nous était réservé. Il y avait avec nous deux autres notabilités de Ménémen. Une conversation animée s'engagea entre un sous-officier français et un officier grec. D'après ce que nous avons pu comprendre le bourreau grec voulait nous arrêter et le sergent s'y opposait en disant qu'il répondait de nous envers son supérieur. Finalement il eut gain de cause et nous mit dans un train en partance pour Magnési. Arrivés dans cette ville nous fûmes conduits devant le Commandant français qui nous fit un accueil très aimable, assura notre confort, fit prendre des nouvelles de ma famille et consigna dans un procès-verbal les déclarations que nous fîmes au sujet des traitements odieux, à nous infligés par les Grecs.

SAFFER.

Les événements de Magnésie.

A Leurs Excellences Messieurs les Hauts Commissaires de Grande-Bretagne, des Etats-Unis d'Amérique, d'Italie et de France à Constantinople.

Les atrocités les plus variées subies journellement par nos concitoyens se trouvant dans la zone d'occupation hellénique, atteignent un point qui doit faire frémir d'indignation les gens les plus blasés. Sous les prétextes les plus absurdes, les cours martiales grecques jugent et condamnent à mort de nombreux Turcs. Les abominations qui avaient eu lieu lors de l'entrée des troupes grecques à Manissa (Magnésie) continuent encore de plus belle. Des fonctionnaires étrangers, que n'aveugle aucun parti pris, constatent naturellement ces faits affreux et les notent. Pour ne donner que quelques exemples des ignobles crimes des Grecs, nous citerons les faits suivants:

M. Moustapha Bey, fils de Chukri Bey, un des notables de Manissa, fut lâchement assassiné ; on retrouva son corps hors de la ville.

M. Mahmoud Bey, négociant en farine, eut le même sort tragique. Son corps fut également retrouvé bien loin de la ville, à Kirtick.

Behlul Hassan, de Molla Châban, et ses cinq compagnons qui allaient travailler à leurs vignes furent arrêtés et battus par des soldats grecs. Après avoir essuyé diverses tortures les malheureux furent enfermés dans le cachot souterrain du poste central d'Osmanié à Manissa, et y restèrent, sans pain ni eau, trois jours entiers. Les Grecs voulurent proscrire Behlul Hassan et ses amis de la zone occupée et les envoyer à Panderma. Mais n'ayant ni la force physique, ni les moyens pécuniaires pour effectuer ce voyage ils se réfugièrent à Ak-Hissar, et rapportèrent, les larmes aux yeux, les traitements odieux auxquels les Hellènes les avaient soumis.

Le jour de la perquisition d'armes, le Cadi (juge et chef religieux) de Manissa, Ismail Hakki Effendi fut fouetté, injurié et emprisonné. Ce n'est que plusieurs jours après qu'on l'a relâché.

Un notable Mehmed Bey Bechzadé, fut battu violemment par les Grecs et envoyé à Smyrne.

L'épouse de M. Hakki Bey, notable pharmacien, subit les pires insultes pour n'avoir pas voulu indiquer l'endroit où son mari s'était caché.

Hakki Tchaouche de la banlieue, ayant été frappé sans pitié, garde encore le lit.

Le jour de la perquisition d'armes furent encore battus avec une violence inouïe : MM. Husséin Adanali Zadé, notable de Manissa, Kiamil Mufti Zadé, notable, Ibrahim Mufti Zadé, l'adjoint du maire, Dolghour Hussein, Kadri Ghiritli Zadé. ·

Ce dernier, blessé grièvement à la tête s'affaissa. Les Grecs le croyant mort, fouillèrent ses poches, volèrent son argent (800 L. turques) et en outre, mirent sa maison à sac. Kadri Ghiritli Zadé est actuellement soigné à l'Hôpital de Smyrne.

Nous joignons à la présente une liste contenant les noms d'autres notables et intellectuels du pays qui furent arrêtés sans aucune raison plausible.

Tant de crimes commis, tant de supplices pratiqués exaspérèrent naturellement au plus haut degré les habitants musulmans de notre commune. Néanmoins ceux-ci, témoignant du noble caractère de la nation turque, gardent une patience réellement fort difficile. Mais il est à appréhender que la continuation des atrocités helléniques ne surexcite l'opinion publique et n'oblige, à la fin, les Musulmans à sortir de leur attitude passive. La responsabilité d'un tel soulèvement ne saurait, partant, être imputée qu'aux Grecs seuls.

Nous protestons donc énergiquement et avec indignation contre les agissements de l'armée hellénique qui depuis son débarquement, n'a cessé un instant de perpétrer les abominations les plus inouïes.

Au nom de la Justice et de l'Humanité, nous adjurons les Grandes Puissances d'user de leur autorité pour faire évacuer notre patrie bien-aimée, que nous ne supporterons pas de voir soumise, fût-ce temporairement, à une domination étrangère.

Suivent 60 signatures...

Les horreurs de la vallée de Méandre.

AIDIN [1] -- NAZILLI -- DENIZLI

Mémoire sur les atrocités grecques pendant l'occupation et l'évacuation d'Aïdin et de Nazilli.

1. Le 15 mai 1919 au soir, la nouvelle télégraphique inattendue parvenue à Aïdin sur l'occupation de Smyrne par les forces helléniques causa une très vive émotion parmi les habitants musulmans. Mais l'effervescence devint plus indescriptible encore quand on sut immédiatement après, les forfaits commis par les Grecs sur la population turque du grand port de l'Egée.

Le commandant des troupes helléniques annonçait dans sa première proclamation qu'il n'occuperait que Smyrne et ses environs immédiats, mais faisait état des liens historiques qui auraient existé depuis trois mille ans (!) entre la Grèce et la région de Smyrne. La seconde proclamation cependant était adressée « aux populations du Vilayet » tout entier.

Les Turcs d'Aïdin ne se trompèrent pas sur les intentions du Gouvernement hellène et les conséquences qui ne manqueraient pas de suivre. Pressentant le danger, ils s'adressèrent aux représentants Alliés et tout en protestant contre cette prétention arbitraire, déclinèrent d'avance toute responsabilité des événements ultérieurs tant que les auteurs des ignominies commises sur la population turque de Smyrne et des environs ne seraient pas châtiées.

Sur les assurances réitérées du représentant militaire anglais à Aïdin, que l'occupation avait une portée purement militaire et temporaire et serait limitée aux environs de Smyrne seulement, la population renonça à toute velléité d'opposition armée contre cette injuste invasion.

2. Le lundi 27 mai les Grecs occupèrent Aïdin sans aucune résistance. Le 4 juin, ils arrêtèrent à la station de Balatdjik le professeur Ahmed Emin Bey, le notable Kiamil Effendi, l'avocat Réchid et son frère Assim, le notable Cherif Safi, Réfik Chevket et Omer Lutfi beys avocats à Nazilli. Ils étaient inculpés « de ne pas désirer la présence des Grecs à Aïdin ». Ces agissements

[1] La plus grande partie des documents terrifiants sur les atrocités d'Aïdin se trouvent dans la première série des atrocités grecques publiées précédemment par la Ligue ottomane.

alarmaient bien la population mais elle ne désespérait pas tout de même de la justice de l'Europe civilisée.

3. La nuit suivante, la dixième après l'occupation, six notables des plus considérés qui rentraient chez eux, furent mortellement battus par un officier grec. Cette même nuit, ainsi que le lendemain, des soldats grecs pénétrèrent par force dans quatre maisons turques, qu'ils pillèrent, et violèrent les femmes qui s'y trouvaient. Dès lors, le pillage, le meurtre et l'outrage à l'honneur des familles continuèrent de plus belle. Les grecs indigènes rivalisaient en ignominie avec les soldats hellènes. Un employé de la Dette publique, Nouri Effendi, Kavass Zadé Mehmed Effendi, son frère Moustapha, Yuzbachi Zadé Bahri, Hadji Ibrahim Effendi Zadé Feyzi, Diri Zadé Moustapha Effendi furent battus et blessés; la mère et la sœur de Hafize Mehmed Effendi de Karadja-Eurène et d'autres furent violées.

4. Le mardi 3 juin les Grecs occupèrent aussi Nazilli. A cette occasion ils forcèrent les Turcs, sous menace de mort, de défiler la tête baissée devant la photographie de Vénizelos.

5. Nazilli resta 17 jours sous l'occupation grecque. Pendant ce temps ils pillèrent les maisons turques, déshonorèrent les femmes, arrêtèrent, battirent, blessèrent beaucoup de gens. Sous la botte, les Musulmans ne purent que se résigner à leur terrible sort.

6. Le jeudi 19 juin à une heure du matin ils évacuèrent subitement Nazilli, en emmenant avec eux, menottes aux poings, une quarantaine de notables turcs, qu'ils assassinèrent d'ailleurs à quelque distance de la ville.

9. Le samedi 21 juin l'officier anglais Mr. Hoder, accompagné d'Abdurrahman Bey, gouverneur d'Aïdin, Hakki Bey, président de la Cour d'Appel, et du notable Izzet Bey, arriva à Nazilli. Par un heureux hasard le commandant de gendarmerie italien, Mr. Carvissini se trouvait aussi là. Ils se livrèrent ensemble à une enquête sur les atrocités grecques. Outre les témoignages des chrétiens eux-mêmes, ils ont pu voir sur leur parcours des monceaux de cadavres turcs mis en lambeaux par les soldats grecs. Les faits étaient si révoltants que Mr. Hoder ne put s'empêcher d'exprimer publiquement, devant une nombreuse assistance, à l'Hôtel de Ville, son indignation sur les ignominies injustifiables perpétrées par le commandant et les soldats grecs.

10. La population musulmane s'attendait à voir châtier ces criminels hellènes. Bien au contraire, le 21-30 juin, les Grecs donnèrent libre cours à leurs forfaits et la ville d'Aïdin devint l'hor-

rifiant théâtre des plus odieux crimes que n'aient enregistré les annales des ères passées. Incendies, destruction des villes et villages, des gens maltraités, mutilés, blessés, égorgés, brûlés vifs, mis en lambeaux, rien n'a manqué. Ils massacrèrent cinquante Turcs à Kermendjik, égorgèrent comme des bestiaux soixante autres dans le train qui allait à Aïdin, jetant leurs cadavres tout le long de la voie ferrée. Ils brûlèrent tous les villages de la région, en massacrant leurs habitants. Bien peu seulement de ces pauvres paysans terrifiés purent sauver leur vie en se réfugiant dans les montagnes escarpées. A Aïdin, en pleine rue, ils arrêtent les paysans, les rouent de coups, les criblent de baïonnettes, sous les yeux même des habitants. Ils enfermèrent des pauvres gens dans des souterrains privés d'air, de lumière et de nourriture pendant plusieurs jours. A ces méfaits horribles s'ajoutent les forfaits des bandits grecs indigènes armés par l'autorité hellénique. La sécurité n'existait plus. Les Turcs fermèrent leurs boutiques, abandonnèrent leurs affaires et chacun chercha à s'abriter chez lui. Une délégation envoyée auprès du commandant grec, n'obtint même pas réponse. Alors commença une exode en masse de la population turque.

11. D'autres indices faisaient encore prévoir la destruction prochaine d'Aïdin et le massacre de ses habitants. Un Grec indigène Mihalaki, cordonnier, devenu persona grata auprès des autorités helléniques disait à ce propos à Djanbaze Zadé Ali Effendi que *« le gouvernement grec évacuerait peut-être Aïdin, mais que ceux qui l'occuperaient ne trouveraient ni un homme en vie, ni une maison debout. »* D'autre part, quelques autres Grecs indigènes entre autres le Dr. Harilaridis, le Dr. Ourgandji-Oglou, le négociant Théocharis, répétaient à tout venant : « Ah, vous attendez le secours des Italiens, vous verrez bien comment vous serez châtiés. » Les Grecs, après avoir isolé Aïdin, ordonnèrent aux non-musulmans, Juifs, Arméniens et autres, de troquer leurs fez (coiffure turque) contre des chapeaux. Ils déclarèrent n'accepter aucune responsabilité pour la vie de ceux qui ne se conformeraient pas à cet ordre.

12. Le jeudi 26 juin, le commandant grec rassembla les Turcs dans la cour du palais du gouvernement et les somma de lui livrer dans les 18 heures les six mille fusils qu'ils devaient posséder. « S'il en manquait même un seul, vous seriez tous fusillés, leur dit-il. » Et d'une voix menaçante : « L'occupation grecque, ajouta-t-il, n'a nullement un caractère provisoire, c'est l'an-

nexion définitive d'Aïdin à la Grèce. » Le gouverneur Abdurrahman bey lui promit de faire son possible pour rassembler les armes que la population pouvait posséder, mais il attira l'attention du Commandant hellénique sur les massacres et exactions systématiques qui continuaient soit dans la ville, soit dans les villages et fit remarquer que la circulation des Grecs indigènes armés et leurs méfaits constants n'étaient pas de nature à lui faciliter la tâche. Le commandant grec, sans nier ces forfaits, se contenta de dire que sa résolution était prise et que son ordre était catégorique.

13. Le vendredi 27 juin, les huissiers des bureaux du gouvernement et le lendemain le gouverneur Abdurrahman bey, le président de la Cour d'appel, le Procureur impérial, les notables Izzet, Hadji Ahmed beys et le contrôleur de la régie Omer bey, le Dr. Nouri Bey et beaucoup d'autres personnes furent arrêtées. Les cadavres de la plupart d'entre eux furent trouvés quelques jours plus tard dans les montagnes, mais le sort des autres malheureux n'a pu être connu jusqu'à ce jour.

14. Le 29 juin le commandant grec ayant, par surprise, essayé d'encercler les forces nationales turques concentrées au sud de Méandre, une bataille s'engagea. Le lundi 30 juin à 11 heures du matin, après un combat de quarante heures, les forces nationales entrèrent dans la ville. Le calvaire des habitants turcs d'Aïdin pendant ces deux jours, est quelque chose d'inimaginable. Les soldats hellènes, aidés des Grecs indigènes mirent le feu aux quartiers turcs, fusillèrent à coups de fusil et de mitrailleuse, tous les malheureux, femmes, enfants, vieillards, qui voulaient échapper à l'incendie et qui succombaient au milieu des flammes. C'était un moyen comme un autre de faire disparaître leurs cadavres, preuves irréfutables de leur monstrueuse ignominie.

15. Des centaines de pauvres gens réfugiés à l'Ecole française des jeunes filles ; quatre officiers français de gendarmerie, le Consul honoraire de France, M. Vasilaki, un Grec indigène, les religieux catholiques de l'Ecole, ainsi que Mr. Hoder furent les témoins oculaires de ces crimes incroyables.

16. Malgré la complicité et l'association des Grecs indigènes dans la perpétration de ces crimes, les forces nationales en reprenant la ville, ne tinrent nullement à se venger de ces compatriotes perfides et assassins. Au contraire, elles leur ont procuré des gites dans les villes non occupées par les Grecs, comme il ressort de leur propre attestation.

17. Le président du Tribunal Hakky bey, le procureur gé-

néral Chevket Bey et le notable Izzet Bey qui avaient été emmenés par les Grecs, furent assassinés par eux, pour détruire les preuves que ces malheureux avaient eu le tort d'assembler sur les crimes de Nazilli et des villages environnants. Mais ils n'étaient pas les seuls témoins et l'officier anglais Mr. Hoder est aussi renseigné qu'eux. Les victimes de la ville d'Aïdin sont au nombre de 4400, dont plus de 4000 Musulmans, et seulement trois ou quatre cents non Musulmans. Les dommages matériels sont évalués à plus de 12 millions de livres turques, soit plus de 250 millions de francs.

Nous soumettons à la connaissance du monde civilisé ces actes d'atrocité et de barbarie. De Smyrne jusqu'à Nazilli toutes les villes, bourgades, villages, ne sont qu'un amas de ruines et de décombres. La plupart cachent à peine dans leurs débris encore fumants, les cendres, les cadavres calcinés, les restes sanglants des milliers, des dizaines de milliers de pauvres gens innocents, de femmes, d'enfants, de vieillards sacrifiés à la férocité des hordes helléniques. Des centaines de mille rescapés, plus malheureux encore, errent maintenant dans les montagnes sans abri, sans gîte, sans nourriture, moralement et physiquement abattus, preuves vivantes du crime grec. Et de toute cette région dévastée s'élève aujourd'hui un cri de détresse effroyable. Ils réclament aide et protection, mais les morts comme les vivants demandent, exigent une seule chose avant tout : la justice.

Extraits d'un rapport sur les atrocités de Nazilli.

Les troupes grecques d'occupation ont commencé brusquement un mouvement de retraite le jeudi 19 juin à minuit. Se rendant à toutes les maisons des chrétiens ils ordonnèrent à ceux-ci d'accompagner les troupes, leur déclarant que les Turcs les tueraient. Elles se rassemblèrent à deux heures sur la place de la caserne, désarmèrent les gendarmes ottomans dans les environs de la caserne ; et, se faisant précéder de toute la population chrétienne et emmenant Kenan Bey qui était leur prisonnier depuis trois jours ainsi qu'une trentaine de Musulmans à qui ils avaient lié les mains, ils quittèrent Nazilli pour se diriger vers Aktcha.

Le matin venu et tout le monde debout on constitua immédiatement des forces nationales et on confia la garde de la ville à des personnages honorables, dignes de confiance qui furent chargées d'accomplir leur devoir patriotique et humain. Pour parachever l'instauration de l'ordre ainsi établi, on tenta de télégraphier pour inviter des troupes régulières turques des environs ; mais on ne put y réussir, les fils télégraphiques ayant été coupés par les Hellènes et les communications interrompues de tous côtés. Malgré cela l'ordre fut parfaitement assuré avec les forces nationales qui avaient été constituées.

Plus tard les forces nationales conduites par Hamdi bey, ainsi que la cavalerie placée sous les ordres du commandant Hakki bey étant arrivées, on put étendre la tranquillité aux villages et aux communes ; les biens ravis furent retrouvés en partie dans les différents endroits où ils avaient été cachés et on continua à rentrer en possession du reste.

Quoique l'occupation du caza de Nazilli par les troupes grecques se soit accomplie sans incident et qu'elle ait été admise avec résignation et confiance dans la justice de l'Europe, et qu'on n'ait opposé aucune résistance matérielle, dès le jour de l'occupation, les soldats grecs s'attaquèrent aux femmes musulmanes, et poussèrent l'indécence jusqu'à se livrer à des actes qui révolteraient les êtres les plus impudiques, comme d'exiber leur organe génital en pleine rue. Ils blessèrent les sentiments religieux de la population musulmane en criant au muezzin qui invitait à la prière : « Ne braie pas comme un âne. »

Le commandant hellénique a toléré qu'on dévalisât chaque jour un ou deux magasins avec la complicité des Grecs du pays, qu'on s'emparât sans compensation des biens, ou encore qu'on vidât intentionnellemunt les sacs contenant les céréales. Journellement plusieurs personnes respectées de tous ont été arrêtées sous des prétextes futiles comme les formules : « Vous ne voulez pas de l'occupation hellénique » ou bien « Vous auriez réclamé une occupation anglaise, française ou italienne ». Deux jours avant de se retirer les Grecs ont emprisonné sans aucun droit ni raison, uniquement parce qu'ils faisaient partie de la classe honnête et intellectuelle, le commandant en retraite Kémal bey, l'employé de la Régie Chukri bey, Hafiz Mehmed, Hadji Mehmed, le percepteur Riza ainsi qu'une trentaine de personnes. A leur départ, ils emmenèrent tous ces prisonniers après leur avoir lié les mains, sauf Chukri Bey, qui fut forcément relâché comme employé de la Régie ; Kénan Bey et Hadji Hamdi furent grièvement blessés. Les autres, ainsi que les nombreux Musulmans qui furent arrêtés en cours de route ont été massacrés et leurs cadavres jetés dans les fossés.

(signé) *Le Mufti de Nazilli :* SALIH.
Le Maire : MEHMED EMIN.   *L'avocat :* ILHAMI.

A Denizli.

Protestation des chefs religieux grecs et arméniens de Denizli, remise aux Hauts Commissaires de l'Entente en Turquie.

Les forfaits commis par les troupes d'occupation hellénique dans la région d'Aïdin et ses environs constituent en atrocités des crimes inconcevables et sans exemple dans l'histoire. Des villages et villes d'une assez grande importance, des richesses immenses et des milliers d'êtres innocents ont été faits sans pitié la proie des flammes. Les ravages de cette main meurtrière qui continue à perpétrer d'horribles crimes acquièrent une plus grande extension dont les funestes conséquences portent atteinte à la sécurité publique et à l'harmonie entre les éléments du pays. Nous, qui depuis plus de six cents ans, vivions heureux sous l'égide de l'Empire Ottoman, nous ne pouvons pas tolérer la continuation de ces actes criminels. Une pareille attitude de notre part nous mènerait sans doute à l'extermination. Tandis que les Hellènes sèment l'horreur par leurs crimes tout près de nous, nous jouissons des bienfaits et de la haute protection et de l'aide du gouvernement ottoman et personne d'entre nous n'a été l'objet de la moindre attaque.

C'est avec effroi et indignation que nous réprouvons les forfaits de cette force d'occupation hellénique dont le seul but est de poursuivre une politique d'extermination dans le pays.

Au nom de l'humanité et du salut public, nous nous adressons à la haute bienveillance des Grandes Puissances pour les prier de vouloir bien prendre en sérieuse considération, afin de faire cesser le plus tôt possible, ces horribles carnages.

Locum tenens du métropolite et président de la Communauté grecque de Denizli.

Le prélat :

HRISSOSTOMOS.

Locum tenens du métropolite de la Communauté arménienne.

Le prélat :

BABKEN.

Appel publié par le Bureau le 20 octobre.

APPEL

aux Grandes Puissances et à l'Opinion mondiale en faveur des Réfugiés de Smyrne.

L'hiver est là, aussi dur en Anatolie que dans les régions septentrionales.

Ce serait le moment où jamais pour près de deux cent mille Turcs chassés de Smyrne par l'occupation hellénique, errant sur les routes et dans les rues, dénués de tout, épuisés et malades, de réintégrer leurs foyers. Mais cela, ils ne le peuvent qu'après le retrait des troupes grecques qui détiennent indûment le pays et le dévastent en lui infligeant la plus odieuse tyrannie. Leurs délégués l'ont récemment encore répété au Colonel Anderson, chef d'état-major du général Milne, commandant suprême des forces alliées en Anatolie.

C'est en vain que les services de propagande panhellène veulent cacher la situation et faire croire que les Turcs eux-mêmes réclament le maintien de la domination hellénique et brûlent de devenir des concitoyens de M. Vénizélos. Les manifestations invoquées à l'appui ne sont que d'indignes trucages où le ridicule vient seulement parfois égayer le mensonge sans le rendre plus plausible.

A l'appui, cet épisode entre beaucoup :

La presse française, d'ordinaire plus avisée, croyait récemment devoir faire état d'une manifestation prohellène de *Chefki-Bey*, Mufti d'Aïdin. Or, le mufti d'Aïdin s'appelle Hadji-Moustafa-Effendi.

Vu la circonstance, on avait tout simplement profité d'un voyage à Constantinople de Hadji Moustafa Effendi, ayant comme but de communiquer aux hauts commissaires alliés, les méfaits grecs, et en mêlant les genres au point de vue des titres, pour se livrer au nom de sa fonction à une manifestation contre laquelle il ne pouvait protester qu'après un retard propice aux faussaires. D'où celle-ci.

Mais ces agissements ne trompent personne, les Grecs ottomans eux-mêmes moins que tous autres et jusque dans ces rangslà, les Grecs d'Hellade en sont pour leurs frais. Une partie des Grecs Ottomans ne veulent pas changer de statut politique, Ottomans ils sont, Ottomans ils entendent rester. Il suffit de lire le rapport en la publication de l'honorable M. Stamat, juge au tribunal d'Aïdin, Grec de nationalité pour être complètement fixé à cet égard. Et les Grecs réfugiés avec leurs concitoyens ne veulent pas rentrer chez eux aussi longtemps que les Grecs d'Hellade y seront. Il y en a 400 à Burhanié et 500 à Denizli.

Les étrangers sont-ils plus disposés à passer de la « barbarie » ottomane à la « civilisation » grecque ? Pas davantage. Et cela, point seulement les Italiens. Français, Anglais, Américains, tous ressortissants de pays à traditionnelles sympathies prohellènes sont unanimes à réclamer que le sort de Smyrne ne soit pas différent de celui de l'Asie-Mineure, les familles, souches de leurs colonies respectives en tête, les Guiftret et Girod de France, comme les Witol d'Angleterre et les Grynn d'Amérique. Et, passant des vœux à l'action et de la parole aux actes, ils ont envoyé des délégués à Paris et à Londres, demander cette chose si simple et cependant, semble-t-il, si compliquée, à une époque de droits des peuples à disposer d'eux-mêmes, que la Turquie reste à ses enfants et obtenir la solution qui seule, leur paraît équitable et féconde, le maintien de la Turquie.

Ce dont ils sont quotidiennement les témoins impuissants n'est guère fait d'ailleurs pour les convertir ; tout espèces de méfaits, — rien ne manque en effet à la lyre de cette « occupation pacifique » !!! pas même l'hypocrisie obligatoire, puisque se plaindre est un crime et protester à la face de l'humanité civilisée, un plus grand encore ! Le mufti de Magnésie, qui a estimé de son devoir de présenter un rapport à la Commission d'Enquête de l'Entente et a dû pour ce fait fuir en hâte et dont les biens ont été saccagés, en sait quelque chose.

Et cependant qu'au milieu de cette culture prétendue civilisée une des contrées bénies de l'humanité et des plus indispensables à sa reconstitution au lendemain de l'horrible catastrophe de la guerre mondiale, périclite. Les Anglais de Smyrne évaluent à *80 millions de livres sterling* les dommages subis pour la province de Smyrne depuis le début de l'occupation hellénique.

Mais quelque résistance qu'opposent les Grecs, la vérité finit par percer. Les gens pondérés ne s'en laissent pas imposer par le bluff, et, il en est qui savent voir, malgré toute l'activité déployée à les aveugler.

Du nombre, ce loyal commandant du cuirassé français « La Démocratie » qui a fait parvenir à Paris un rapport écrasant pour les Grecs et leurs procédés d'occupation.

Cela ne suffit pas pour que la vérité ressorte intégrale. Aussi sur le droit et sur le fait dans la question d'Anatolie, nous demandons la publication complète des rapports de l'Enquête Alliée à Smyrne. Communiqués aux Grecs, la justice la plus élémentaire exige qu'ils le soient aux Turcs qui ne veulent pas en faire mystère, demandent qu'ils le soient à tous. Ne sont-ils pas les premiers intéressés à les connaitre en une affaire où pour eux — à la différence de leurs adversaires — il ne s'agit plus du luxe de l'impérialisme, mais de l'impérieuse nécessité de l'indépendance.

Proclamons bien haut, qu'à cette indépendance, ils ne renonceront jamais pour subir le joug hellénique, jamais, tant que le dernier Turc ne sera pas tombé aux rives orientales de l'Egée, l'Hellène n'y règnera paisiblement. Pour la tranquillité du proche Orient et avec elle pour celle de l'Europe, il importe que les Puissances exigent sans délai le retrait de l'Armée grecque de l'Asie-Mineure, où elle n'a que faire pour la sécurité des hommes et la sauvegarde des biens, et où elle s'est établie au mépris de la convention d'armistice et en défi aux plus fermes principes du droit des gens.

POUR LE BUREAU PERMANENT DU CONGRÈS TURC
DE LAUSANNE :

Le Président : K. ESSAD.
Le Secrétaire : H. ALITCHA.

TABLE DES MATIÈRES

Les récentes publications
concernant la question turque :

L'Asie Mineure et ses populations (publié par le Turc-Yourdou de Lausanne).

La civilisation turque en Asie Mineure (publié par le Turc-Yourdou de Lausanne).

Mémoire sur les nationalités établies en Asie Mineure (publié par le Turc-Yourdou de Genève).

Un appel à la justice (publié par la ligue de défense des droits ottomans et approuvé par le Congrès national réuni à Smyrne le 17 mars 1919. Constantinople).

Atrocités grecques : Documents (publié par la ligue de défense des droits ottomans. Genève).

Les alliés qu'il nous faudrait, par Pierre Loti (Brochure reproduite par l'Association des Intérêts Turcs, à Genève).

La Turquie qu'on condamne (publié par l'Association des Intérêts Turcs, à Genève).

Les Massacres d'Arménie, par Pierre Loti.

Memorandum sur le droit de la nationalité turque (publié à Lausanne).

Mémoire sur les droits et les revendications du peuple turc (publié à Genève).

Les Turc et la question d'Arménie, par Kara Schemsi.

Les Turcs et le Panhellénisme, par Kara Schemsi.

L'Extermination des Turcs, par Kara Schemsi.

Le Prolétariat turc au Congrès socialiste international de Berne (1919) par Kara Schemsi.

L'Islam, les Turcs et la Société des Nations, par Kara Schemsi.

Turcs et Arméniens devant l'histoire (réfutations du mémoire de la délégation arménienne), par Kara Schemsi.

Les événements de Turquie depuis l'armistice, Ahmed Hakki.

Le droit des Turcs, par Nédjat.

La Question turco-américaine, par Rustein Bey.

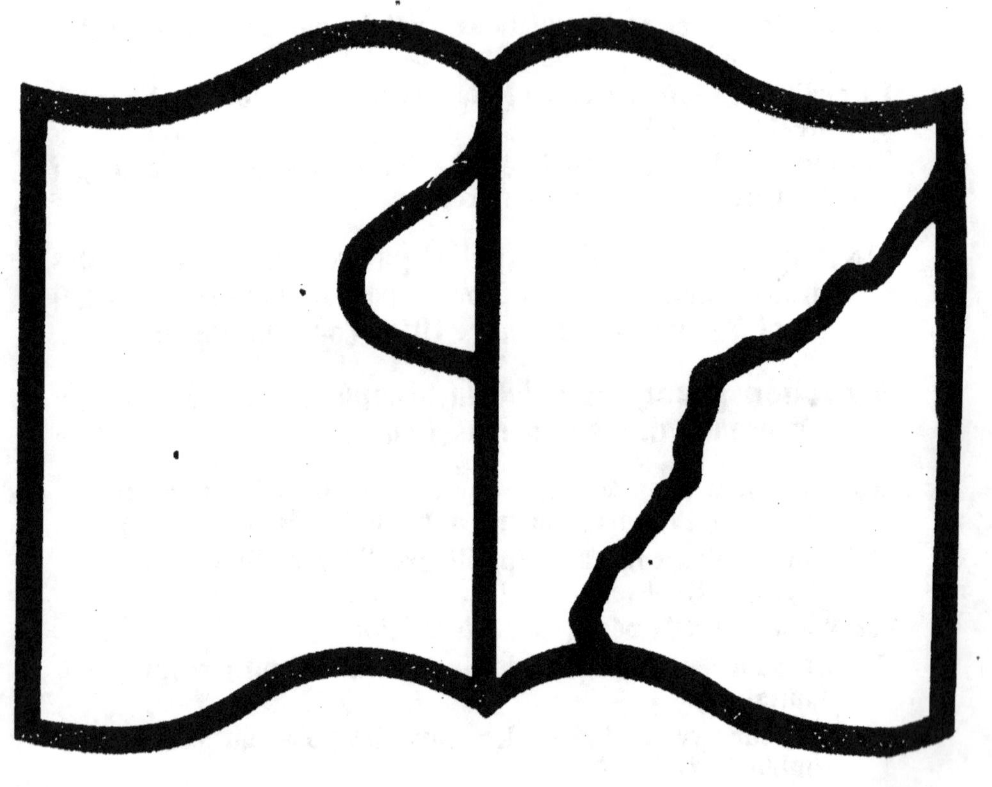

Texte détérioré — reliure défectueuse

NF Z 43-120-11

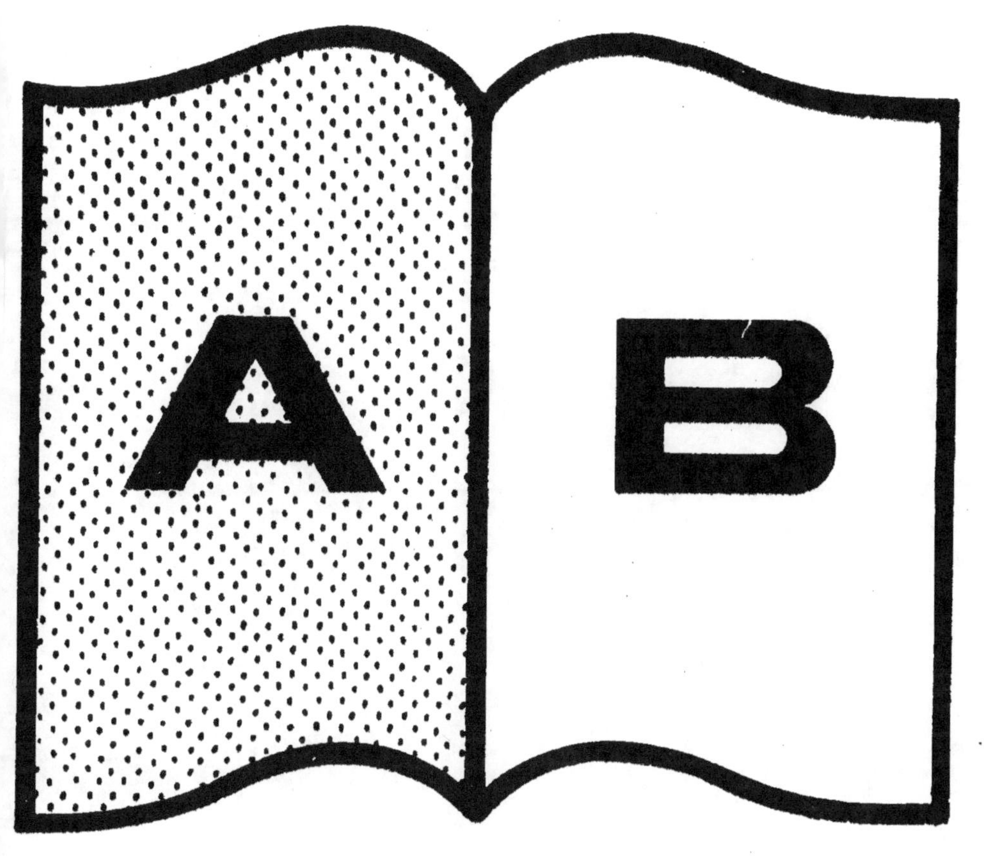

Contraste insuffisant

NF Z 43-120-14